선사상사 강의

불교총서 19

선사상사 강의
(원제: 禪思想史講義)

지은이 오가와 다카시(小川隆)
옮긴이 이승연
펴낸이 오정혜
펴낸곳 예문서원

편집 유미희
인쇄 및 제본 주) 상지사 P&B

초판 1쇄 2018년 4월 10일

출판등록 1993년 1월 7일(제307-2010-51호)
주소 서울시 성북구 안암로9길 13, 4층
전화 925-5914 | 팩스 929-2285
홈페이지 http://www.yemoon.com
전자우편 yemoonsw@empas.com

ISBN 978-89-7646-385-2 03150
YEMOONSEOWON #4 13, Anam-ro 9-gil, Seongbuk-Gu, Seoul, KOREA 136-074
Tel) 02-925-5914 Fax) 02-929-2285

값 20,000원

불교총서 19

선사상사 강의

오가와 다카시(小川隆) 지음
이승연 옮김

예문서원

한국어판 서문

　이승연 선생의 노력으로 졸저 『선사상사강의禪思想史講義』가 한국의 독자들에게 소개되어 대단히 기쁩니다. 이 선생은 일본의 동아시아사상·종교연구의 태두라 할 수 있는 미우라 구니오(三浦國雄) 선생의 애제자로, 이미 미우라 선생의 저서를 몇 권이나 번역한 바 있습니다. 이 선생에게 본서를 번역하도록 권유한 사람은 미우라 선생입니다. 미우라 선생과 이 선생의 후의에 다시 한 번 더 감사드립니다.

　이 책은 보시는 바와 같이 선사상사를 네 개의 단계로 나누어 '간략히' 소개한 것입니다. 그러나 선사상을 단순히 시대나 유파별로 분류하여 나열한 것은 아닙니다. 그것보다는 그런 여러 유형들이 왜 생겨났는지, 또 어떤 문제를 중심으로 선자들의 입장이 나뉘었는지, 그런 것을 생각해 보는 것이 이 책의 주제입니다.

　결론부터 말하자면 선사상사의 축이 된 것은 '본래의 자기'와 '현실의 자기'를 어떻게 설정하는 것이 좋을지, 또 이 양자를 어떤 방법으로 통합해야 할지 등과 같은 문제였습니다.(이 생각은 아라키 겐고荒木見悟 선생의 「序論―本來性と現實性」에 의거하였습니다.)

　'본래의 자기'는 부처지만 '현실의 자기'는 미혹되어 있다, 그러므로 좌선을 통해 '현실의 자기'를 극복하고 '본래의 자기'를 회복하지 않으면 안 된다, 그런 전통적인 사고가 먼저 존재했습니다. 이에 반해 '현실의 자기'가 그대로 '본래의 자기'이다, 인위적인 가공 따위는 그만두고 있는 그대로 있는 편이 낫다, 그런 생각이 새롭게 흥기하였으며 선의 주류가 되었습니다. 다른 한편으로 그러한 사고에 의문을 품고 '본래의 자기'와 '현실의 자기'를 둘이면서 하나, 하나이면서 둘이라는 현묘한 부즉불리의 관계로 파악하려는 사람도 등장했습니다. 마침내 시대가 바뀌자 역시 현실에서는 미혹되어 있으므로 '현실의 자기'를 타파하고 '본래의 자기'로 돌아가야 한다는 생각이 부활하고, '본래의 자기'로 돌아가기 위한 새로운 방법으로서 '공안'선이 고안되었습니다.

이처럼 '본래의 자기'와 '현실의 자기'와의 관계와 양자의 통합 방법이 시대에 따라 변천하는 과정을 선사상사라고 보는 것이 본서의 기본적인 관점입니다. 이런 설명만으로는 아직 무엇을 말하려는 것인지 알 수 없을지도 모르겠습니다. 그러나 이 관점을 염두에 두고 본서를 읽으면 지금까지 불가해라 생각했던 선사들의 말에도 분명하게 사상적인 의미가 있었다는 것을 납득할 수 있을 것입니다.

본서는 중국의 선종사를 중심으로 하면서 거기에 일본의 대표적인 선승의 생각을 대조시켰습니다. 여기에 한국선에 대한 언급이 없는 것은 전적으로 제 자신의 능력 부족 때문입니다. 한국의 독자들이 본서를 한국선의 특질을 역사적으로 생각하기 위한 디딤돌로 이용해 주신다면, 저자로서 이보다 더한 기쁨은 없을 것입니다. 한국어판 출판을 위해 힘써 주신 미우라 선생, 이 선생, 예문서원 출판사 관계자 여러분, 그리고 이 책을 읽어 주시는 한국의 독자 여러분에게 마음으로부터 감사드립니다.

차례_ 선사상사 강의

개강에 즈음하여

여러분 안녕하세요.

앞으로 네 차례에 걸쳐서 선사상禪思想의 흐름을 이야기하려고 합니다.

제1강 초기의 선

제2강 당대의 선

제3강 송대의 선

제4강 20세기의 선

여기서 말하려는 것은 역사적 사실을 망라한 통사나 과부족이 없는 교과서식 개설이 아닙니다. 내용을 최소화하면서 선종禪宗 사상사의 흐름을 소개하는 것, 그것이 이 강의의 목표입니다. 사실화를 그릴 때처럼 정밀하게 묘사하는 것이 아니라, 굵은 선으로 단 한 번에 완성한 초상화처럼 선사상사를 그려 냈으면 합니다.

그럼 여러분, '선'이라는 말을 듣고 어떤 느낌이 들었습니까?

지금까지 아무런 연고도 관계도 없었다는 것이 일반적이겠지요.

그렇지만 최근에는 스티브 잡스의 영향으로 '선'에 관심을 가지는 사람이 많습니다. '아이패드', '아이폰' 등 'i'가 소문자인 것은 자아, 즉 항상 대문자로 쓰이던 'I'의 부정, 그런 불교적인 사상의 표현이라는 설이 있는 것 같습니다. 중국 유학생이 인터넷에서 보았다고 하는데, 사실일까요?

언젠가 수업시간에 '선禪'이라는 말을 들으면 머릿속에 떠오르는 것을 무엇이든 자유롭게 적어 보라고 한 적이 있습니다. 한 여학생의 대답에 이런 것이 있었습니다.

산속에 고요하게 앉아 있으면 스님이 나타나서 판으로 때린다.

어릴 때 갔던 숲속학교에서 좌선체험을 했던 기억을 떠올린 것 같습니다. '봉'이 아니라 '판'이라고 한 것이 묘하게 분위기가 있어서 좋네요. 선종에서 말하는 경책警策은 확실히 앞이 평평해서 탁 하는 소리가 납니다. 텔레비전에서 좌선하는 장면이 나오면 반드시라고 해도 좋을 만큼 이 탁 하는 소리가 나옵니다. 이것이 없으면 선종이라는 그림이 그려지지 않지요.

그런데 '판'으로 때리는지 어떤지는 차치하고, '선'이라든가 '선종'이라는 말을 들으면 '좌선坐禪'을 떠올리는 사람이 많습니다. 확실히 국어사전에서 '선종'을 찾아보면 '좌선으로 깨달음을 얻고 인생의 진정한 의미를 깨우치려는 불교의 일파'라는 설명이 일반적입니다. 국어사전만이 아니라 유명한 불교사전에도 이렇게 적혀 있습니다.

> [선종] 좌선, 내관법을 닦아서 인간 마음의 본성을 깨닫고자 하는 종파를 말한다.

그러나 이 설명은 적어도 선종 문헌을 읽은 인상과는 상당히 거리가 멉니다.

중국 선어록을 읽어 보면 오히려 이런 생각에 반대하는 것에서 선종이 일어났다는 것을 알 수 있습니다. 물론 선어록에는 좌선하고 있을 때의 문답도 있고 좌선 방법이나 마음가짐에 대한 기록도 많이 남아 있습니다. 그러므로 선승이 좌선을 하지 않았던 것은 아니며, 선종에서 좌선의 중요성을 부정할 생각도 없습니다. 그러나 그럼에도 중국의 선어록을 읽다 보면 좌선의 해체와 일상적인 삶의 긍정, 그것이야말로 선사상의 기조라는 느낌을 지울 수가 없습니다.

예컨대 당대唐代의 선승인 남악회양南嶽懷讓과 마조도일馬祖道一 사이에 있었던 다음 고사는 그러한 취지를 잘 보여 주는 것으로 가장 널리 알려진 이야기일 것입니다.

회양선사가 남악에 있었을 때의 일이다. 젊은 마조 또한 마찬가지로 남악에 암자를 틀고 매일 빠짐없이 좌선을 행하고 있었는데, 회양선사가 찾아와 물었다.

"그대는 여기서 무엇을 하고 있는가?"

"좌선을 합니다."

"좌선을 해서 무엇을 하려는가?"

"부처가 되려고 합니다."

며칠 뒤 회양선사는 기와 한 장을 가져와서 마조의 암자 앞에서 박박 갈기 시작했다.

마조가 물었다. "그걸 갈아서 무엇을 하시려는 겁니까?"

"흠, 거울을 만들려고."

"기와를 갈아서 어떻게 거울을 만듭니까?"

"그렇다면 좌선을 해서 어떻게 부처가 되나?"

"그렇다면…… 어떻게 하면?"

"소에게 달구지를 끌게 하는 것과 같다. 달구지가 멈추면 달구지를 두드리는 것이 좋을까? 소를 두드리는 것이 좋을까?"

마조는 이 한마디로 깨달아서 인가를 받고 법을 전수받았다. "말이 천하 사람을 밟아 죽인다", 그렇게 말했던 서천조사西天祖師의 예언처럼 남종선南宗禪은 강서 땅에서 번창하게 된다.(『禪林類聚』, 권16, 鏡扇)

여기서 회양이 한 대답은 『대장엄경론大莊嚴經論』이라는 불전에 의거한 것입니다. 원래는, 신체적 고행을 통해 마음의 번뇌를 없애려는 것은 달구지가 멈췄을 때 소가 아니라 달구지를 채찍질하는 것과 같다는 비유였습니다. 여기서는 그것이 자신이 원래 부처인데 좌선이라는 행위를 통해 부처가 되려고 하는 것이야말로 엉뚱한 짓이라는 비유로 전용되었습니다.

당의 『한산시寒山詩』에는 이 뜻을 살려 다음과 같이 노래한 시 한 수가 보입니다. 『한산시』는 어느 시나 제목이 없습니다만, 여기에 '작불作佛'(부처가 되는 것)이라는 제목을 달아 보면 이 시의 취지가 분명해질 것입니다. 한산寒山은 노래합니다. 부처가 된다는 것은,

모래를 쪄서 밥을 지으려 하고	蒸沙擬作飯
목이 마르고 나서야 우물을 파려 하는 것.	臨渴始掘井
힘써 기와를 간다고	用力磨碌甎
거울이 될 리는 없지.	那堪將作鏡
부처님도 말씀하셨네. 원래 평등하고	佛說元平等
모두에게 진여의 성이 갖추어져 있다고.	總有眞如性
오직 깊이 생각하라	但自審思量
헛되이 다투는 것은 부질없는 일이니.	不用閑爭競

여기서는 좌선하여 깨달음을 얻어 부처가 된다, 그런 생각이 '기와'를 갈아서 '거울'을 만들려는 것과 같은 전도라고 일축하고 있습

니다.

"부처는 말했다. 원래 평등하고 모두에게 진여의 성이 갖추어져 있다고." 그렇게 노래한 것처럼 누구에게나 완전한 본래성本來性이 갖추어져 있고, 그 본래성 때문에 사람은 부처와 동질이라는 것이 중국 선의 대전제입니다.

남악선사의 말도 '부처가 된다'라는 목적에 대해 '좌선'이라는 수단이 쓸모없다든가, 부적절하다고 하는 것이 아닙니다. 자신이 원래 부처인데, 그런데도 그 위에 또 '부처가 된다'라는 목적을 설정하는 그 자체가 잘못된 것이라 말하고 있는 것입니다. 좌선하여 깨달음을 얻어서 부처가 아닌 사람이 부처가 된다고 하는, 중국 선종은 그런 생각에 대한 반조정反措定으로 발전한 것입니다. 단순하게 말하면 '자기가 부처가 된다'라는 생각을 '자기는 부처이다'라는 생각으로 전환한 것, 거기에 중국 선종의 주안점이 있다고 할 수 있겠지요.

자기는 본래 '부처'이다, 이 공통의 전제에 서면서 그 '본래성'을 어떻게 포착하여 그것을 있는 그대로인 자기의 '현실태現實態'와 관련지을까, '현실태'인 자신이 어떻게 '부처'로서의 '본래성'을 체현하고 스스로 '부처'로서 일상을 살아갈까, 그 생각과 방법의 차이에서 종파나 시대에 따른 변화가 생겨납니다. 간단하게 말하면 있는 그대로의 자기를 '부처'로서 긍정할 것인지, 또는 있는 그대로의 자기를 부정하고 그것을 극복한 곳에서 '부처'로서의 본래 자기를 발견할 것인지, 그 두 개의 축 사이에 다양한 대립과 교착, 그리고 통합 운동이 선사상사를 형성해 왔다고 해도 좋습니다.

이 강의에서는 그러한 관점에서 선종의 사상사를 '거칠게' 이야기하려고 합니다.

제1강 ─────────────────────────────────

북종과 남종 ─ 돈황문헌과 초기의 선

1. 전등 계보와 돈황선종문헌의 발견

전등의 계보

선문의 전승이라는 면에서 선의 역사는 '사자상승師資相承', '이심전심以心傳心'의 계보라 일컬어집니다. 스승의 마음에서 제자의 마음으로, 대대로 법 그 자체가 곧바로 전해진다는 뜻입니다. 그 과정을 이쪽 촛불을 다른 초로 옮겨 가는 것으로 비유하여 '전등傳燈'이라 불렀고, 그 계승관계를 혈통에 비유하여 '법계法系', '법맥法脈' 등이라 칭하였습니다. 그 흐름은 전통적으로 다음과 같은 틀 속에서 전해졌습니다. 도겐(道元) 선사 『판도화辨道話』의 한 구절입니다.

석존釋尊은 영취산에서 마하가섭摩訶迦葉에게 법을 전수하였고, 그것이 불조에서 불조로 전해져 보리달마菩提達摩 존자尊者에게 이르렀다. 존자는 스스로 중국으로 가서 혜가대사慧可大師에게 법을 주었다. 그것이 동토에 불법이 전해진 시초였다.

이처럼 일대에서 일대로 법이 전해져, 마침내 제6대 조사 대감혜능大鑑慧能 선사禪師에게 이르렀다. 그렇게 하여 참불법이 동토 중국에서도 펼쳐지게 되었으며, 항목·분절에 상관없이 진실 그 자체가 밝혀졌다.

당시 육조 밑에는 두 명의 뛰어난 제자가 있었다. 남악회양南嶽懷讓 선사와 청원행사靑原行思 선사가 그들이다. 모두 불인佛印을 전하여 인간계·천상계의 대도사가 되었다.

그 두 맥이 전해지는 과정에서 다시 다섯 개의 문류로 나뉘었는데, 법안종法眼宗·위앙종潙仰宗·조동종曹洞宗·운문종雲門宗·임제종臨濟宗이라 불리는 것이 그것이다. 현재 대송국에서는 임제종만이 천하에 퍼져 있다. 그러나 오가의 구분은 있지만 거기에 전해지고 있는 것은 오직 하나의 불심에 지나지 않는다.(『正法眼藏』)

처음부터 모르는 이름이 많이 나왔지만 마음에 두지 마세요. 이것을 간단하게 도식화하면 다음과 같습니다.

釋尊 ― 摩訶迦葉 …… 菩提達摩 ― 二祖慧可 …… 六祖慧能 ―

南岳懷讓 ― 潙仰宗
　　　　　― 臨濟宗

靑原行思 ― 曹洞宗
　　　　　― 雲門宗
　　　　　― 法眼宗

중국의 학자 호적胡適(1891~1962) 박사는 1953년에 타이페이에서 행한 〈선종사의 새로운 시각〉이라는 강의에서 선의 역사에 관한 전통적인 이해를 다음과 같이 요약하였습니다.

인도에 스물여덟 명의 조사가 있었는데 그 시작은 석가모니였습니다. 석가모니는 어느 날 법회장에서 꽃 한 송이를 손에 들고 그대로 침묵하였습니다. 모두 무슨 뜻인지 알지 못했지만 그 가운데 첫 번째 제자인 가섭이 그 의미를 깨닫고 빙그레 웃었습니다. 석가모니는 그 미소를 보고 말했습니다. 대가섭은 내 뜻을 알았다고. 이것이 선종의 시작이었습니다. 석가모니에서 대가섭으로 (법이) 전해지고, 그것이 또 다음 대, 또 다음 대로, 마침내 보리달마에게까지 전해져 중국 선종의 시조가 된 것입니다.(『胡適的 聲音1919-1960: 胡適講演集』)

유명한 '염화미소拈華微笑'라는 고사입니다. 한 송이 꽃을 매개로
한 침묵과 미소 속에서 진실 그 자체가 석가모니 마음에서 가섭존자
의 마음으로, 즉 '이심전심'으로 '바로' 전해졌다는 이야기입니다. 그
리하여 가섭존자는 제1대 조사가 되고, 그 후 '서천西天'(인도)에서 대
대로 법이 전해져 마침내 28조인 보리달마에 이르렀습니다.

달마는 스승의 명을 받아 먼 바닷길을 건너 중국에 도착했습니
다. 때는 남북조시대. 달마는 우선 남조의 양무제를 만나 대담했습
니다만, 이야기는 결국 결렬되고 말았습니다. 달마는 다시 장강을
건너 북상하여 숭산 소림사에 들어갔습니다. 거기서 '면벽구년面壁九
年', 벽을 마주하고 침묵한 채로 9년간 좌선에 들어갔습니다.

거기로 혜가라는 중국승이 찾아가 진중한 모습으로 가르침을 구
하였습니다. 그러나 달마는 말없이 앉아 있을 뿐 돌아보지도 않았습
니다. 그러자 혜가는 조용히 칼을 꺼내어 자신의 팔을 잘라 절실한
구도의 마음을 보였습니다. 달마는 마침내 무거운 입을 열고 문답한
끝에 혜가에게 법을 전했습니다. 셋슈(雪舟)의 그림으로도 유명한 '혜
가단비慧可斷臂'의 한 단락입니다.

이리하여 달마는 당토唐土(東土) 즉 중국의 초조, 혜가는 제2조가
되었습니다. 그 후 중국에서는 '초조 달마 — 2조 혜가 — 3조 승찬僧
璨 — 4조 도신道信 — 5조 홍인弘忍 — 6조 혜능'으로 전법이 거듭되었
습니다. 이것을 앞의 '서천28조西天二十八祖'와 합쳐서 '서천28조, 당토6

祖唐土六祖', '서천4·7, 당토2·3' 등으로 총칭합니다.

5조에서 6조로의 전법에 대해서는 매우 유명한 이야기가 있습니다만 굉장히 복잡하게 얽혀 있는 이야기이므로 여기서는 원대에 편찬된 『선림유취禪林類聚』라는 유서類書(선의 고사, 명언 사전 같은 것)에 간단히 요약된 기술을 보기로 하겠습니다. 여기서 '영남'이란 오령산맥 남쪽이라는 뜻으로, 중국의 최남, 지금의 광동성과 광남 치완족 자치구 근처를 가리킵니다. 현재는 상하이 다음으로 경제가 발전된 선진지역이지만, 당대에는 문화가 미치지 않는 미개야만지역으로 생각되었습니다.

육조 혜능대사는 집이 가난하여 장작을 팔아 어머니를 봉양하였다. 인연이 닿아 법을 구하기 위해 멀리 오조 홍인선사를 찾아갔다. 오조가 물었다.
"어디서 왔는가?"
"영남에서 왔습니다."
"무엇을 구하러 왔는가?"
"부처가 되는 것, 그 하나뿐입니다."
"영남 사람에게는 불성이 없다. 어떻게 부처가 되겠는가?"
"사람에게는 남북의 차이가 있습니다. 불성에도 그러할까요?"
오조는 혜능이 평범한 인물이 아님을 간파하고 일부러 "작업장으로 가라"고 윽박질렀다. 혜능은 일하는 작은 방으로 가서 허리에

돌을 달고 쌀을 찧었다.

어느 날 오조는 수행승들에게 말했다. 세존 이래 가사와 정법을
주고자 하니 게를 지어 오라고.

거기서 문하의 수석, 신수대사神秀大師가 게를 보여 주었다.

이 몸은 깨달음의 나무이고   身是菩提樹

마음은 깨끗한 거울대와 같으니.   心如明鏡臺

항상 부지런히 갈고 닦아서   時時勤拂拭

티끌과 먼지가 끼지 않도록 하세.   莫遺惹塵埃

혜능은 이것을 듣고 이 시에 맞추어 다음과 같은 시 한 수를 지
었다.

깨달음에는 본래 나무가 없고   菩提本無樹

깨끗한 거울 또한 대臺가 아니다.   明鏡亦非臺

본래가 한 물건도 없거늘   本來無一物

어디에 티끌과 먼지가 끼겠는가?   何處惹塵埃

오조는 말없이 그 깊은 뜻을 이해했다. 밤, 혜능을 방으로 불러
남몰래 법의 핵심을 전하고 전법의 증표인 가사袈裟와 발鉢을 주
었다. 그리고 장강을 건너고 대유령을 넘어 남방 조계漕溪 땅으로
돌아가 우리 '동산법문東山法門'을 열라고 명하였다.(『禪林類聚』, 권8,
祖偈)

그 밖에도 '전등' 계보와 관련된 여러 가지 일화가 있지만 지금은 이 정도로 해 두겠습니다. 위 이야기에 몇몇 사람의 이름을 넣어서 도표를 그리면 대략 다음과 같습니다. 잘 모르는 이름이 점점 더 많아졌습니다만, 이것도 마음에 두지 마세요. 지금은 어쨌든 '전등'의 계보라고 하는 이런 가계도와 같은 형태로 선의 역사를 말해 왔구나라고, 그렇게 생각하고 봐 주시면 충분합니다. 선종에서는 대대로 많은 서적이 출간되었습니다만 그것은 모두 이런 틀을 전제로 편찬된 것입니다.

【서천이십팔조西天二十八祖】

釋尊 ── (1) 摩訶迦葉 ── (2) 阿難 …… (28) 菩提達摩(達磨)

【당토육조唐土六祖】

初祖菩提達摩(達磨) ── 二祖惠可(慧可) ── 三祖僧璨 ── 四祖道信 ──

五祖弘忍 ┌ 神秀 〈北宗〉
　　　　 └ 惠能(慧能) 〈南宗〉

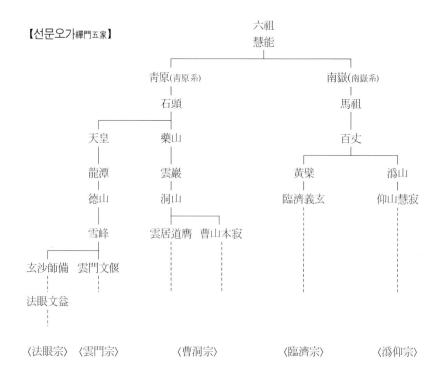

【선문오가禪門五家】

```
                                        六祖
                                        慧能
                    ┌───────────────────────────┴───────────────────────────┐
                青原(靑原系)                                            南嶽(南嶽系)
                    石頭                                                   馬祖
          ┌─────────┴─────────┐                                            百丈
        天皇              藥山                                    ┌──────────┴──────────┐
          │                 │                                  黃檗                  潙山
        龍潭              雲巖                                臨濟義玄              仰山慧寂
          │                 │                                   ┆                    ┆
        德山              洞山                                   ┆                    ┆
          │           ┌─────┴─────┐                             ┆                    ┆
        雪峰       雲居道膺   曹山本寂                            ┆                    ┆
    ┌─────┴─────┐      ┆         ┆                              ┆                    ┆
玄沙師備   雲門文偃      ┆         ┆                              ┆                    ┆
    │                   ┆         ┆                              ┆                    ┆
法眼文益                 ┆         ┆                              ┆                    ┆
    ┆                   ┆         ┆                              ┆                    ┆
〈法眼宗〉〈雲門宗〉      〈曹洞宗〉                           〈臨濟宗〉              〈潙仰宗〉
```

돈황문헌의 출토

그런데 20세기에 들어서자마자 이러한 선문의 전승을 근저에서 뒤흔드는 일대 사건이 일어납니다. 그것은 돈황선종문헌敦煌禪宗文獻의 발견입니다.

좀 더 상세하게 말하면 이 대사건은 두 단계로 이루어져 있습니다. 첫 번째는 돈황문헌 그 자체의 발견입니다. 때는 20세기 초, 중국에서는 청조 말기인 1900년(다른 설도 있습니다만) 돈황의 한 석굴 안에서 왕원록王圓籙이라는 떠돌이 도사가 대량의 사본을 발견했습니다. 현재 제16굴이라는 번호가 붙여진 커다란 석굴이 있는데, 그 통로 벽 뒤쪽에 작은 숨겨진 방이 발견되었고, 그 안에 중세의 두루마리가 산처럼 쌓여 있었던 것입니다. 그 작은 방은 현재 제17굴이라는 번호가 매겨져 있고 '장경동藏經洞'이라고도 불립니다. 경이 수장되어 있는 동굴이라는 뜻입니다.

발견하게 된 경위에 대해서는 사용인의 담배연기가 벽으로 빨려 들어가서 라든가, 쌓아둔 모래를 치우니 갑자기 벽이 무너졌다든가, 몇 가지 서로 다른 이야기가 전해지고 있다고 합니다. 어쨌든 따로 본 사람이 없으니 진실을 알 수는 없습니다.

그로부터 얼마 후 1907년, 먼저 영국의 탐험가인 스타인(Stein)이 왕 도사를 찾아가 허허실실의 흥정 끝에 상당량의 사본을 구입하여 런던으로 돌아가 일대 뉴스가 되었습니다. 그 이야기를 전해들은 프랑스의 동양학자 펠리오(Pelliot)가 다음 해 돈황으로 달려가 능숙한 중국어로 자료 가치가 높은 것을 가려내어 다시 상당량의 사본을 파리로 운반하였습니다. 전자는 스타인본이라 불리며 'S~'라는 번호를 달아 런던 대영박물관에, 후자는 펠리오본이라 불리며 'P~'라는 번호를 달아 파리국립박물관에 각각 정리 수장되었습니다.

그 후 남은 것을 청조 정부가 접수하여 북경의 경사도서관, 지금의 중국국가도서관에 수장하였습니다. 또 일본 오타니 탐험대(大谷探險隊)와 러시아의 오르덴부르크 탐험대가 입수한 것도 있으며, 그 밖에 민간에 유출된 것도 꽤 있습니다. 오타니 탐험대의 것은 여순박물관에 수장되었다가 전후 오랫동안 행방불명이 되었는데, 최근에 발견되어 북경국가도서관에 수장되었습니다.(그 가운데는 오랫동안 행방불명이 되었던 『六祖壇經』 사본도 포함되어 있었습니다.)

이런 과정을 거쳤기 때문에 돈황문헌은 전 세계에 분산되어 수장되었고, 그 연구는 매우 복잡하고 곤란한 것이 되었습니다. 그 결과, 전 세계로 확산된 '돈황학'이라는 극히 국제적인 색채의 학문 분야가 형성되기도 했습니다만, 한편으로 이것은 중국 측에서 보면 통한의 역사이기도 합니다. 북경에 수장된 돈황문헌 목록을 중국의 저명한 역사학자인 진원陳垣이 '돈황겁여록敦煌劫餘錄'(도둑에게 강탈당하고 남은 목록)이라 명명한 것, 또 그 책의 서문에 저명한 역사학자 진인각陳寅恪이 "어떤 이는 말하기를 돈황은 우리나라 학술의 상심사라 하였다"라고 기록한 것은 자주 거론되는 일입니다.

돈황선종문헌의 발견

그런데 선종 연구에 있어서 20세기의 대사건, 그 제2단계는 중국학자 호적이 그 돈황문헌에서 미지의 선종문헌을 다수 발견한 것입니다. 호적 박사는 나중에도 당시의 일을 자주 글로 쓰거나 이야기하였습니다만, 여기서는 1952년 12월에 타이완 대학에서 행한 〈학문의 방법〉이라는 연설의 한 구절을 소개하겠습니다. '경자배관庚子賠款'이라는 것은 의화단사건 배상금을 가리키며, 경자는 의화단 난이 일어난 1900년을 뜻합니다.

> 1926년, 나는 처음으로 유럽에 갔습니다. '경자배관'에 관한 영국 회의에 출석하기 위해서였습니다. 그러나 그때 내게는 또 하나의 부수적인 용무가 있었습니다.(필자가 보기에는 이것이 주된 용무라고 여겼습니다만.) 그것은 런던과 파리에 소장되어 있는, 스타인(Stein)·펠리오(Pelliot) 두 선생이 중국 감숙성에서 훔쳐 간 돈황석굴의 자료, 그것을 보는 것이었습니다.(『胡適的聲音1919-1960: 胡適講演集』)

호적 박사는 역시 '훔쳐 간'이라는 말을 사용하고 있네요. 이 말에 이어서 호적 박사는 돈황문헌의 개요와 선종사의 개요를 소개하고 덧붙여 다음과 같이 말하였습니다.

> 영국에 도착하자 나는 우선 대영박물관을 살펴보았습니다. 그 첫날 한 걸음을 떼자마자 마침 전시 중이었던 긴 두루마리가 눈에

들어왔습니다. 그것은 바로 내가 찾으려 했던 관련 자료였습니다. 그 후 거기서 상당히 많은 자료를 찾을 수 있었습니다.

그리고 프랑스로 갔을 때에는 내가 파리에 체재 중이라는 이야기를 듣고 부사년傳斯年 선생이 독일 베를린에서 와 주셨습니다. 우리들은 한곳에 머물며 낮에는 파리국가도서관에서 돈황 두루마리를 보고, 밤에는 중국음식점에 가서 저녁을 먹으며 매일 밤 1시, 2시까지 이야기를 나누었습니다. 지금 그때의 생활을 되돌아보면 실로 기념할 만한 일이었다고 생각합니다. 파리국가도서관을 드나든 지 3일도 지나지 않아서 표제가 없는 두루마리 한 필에 눈이 멈추었습니다. 나는 그것을 보고 한눈에 내가 찾고 있던 자료를 발견했음을 알 수 있었습니다. 그것은 참으로 신회神會의 어록, 즉 그가 말한 것, 행한 것을 기록한 것이었습니다. 그 두루마리에 여러 번 '회會'라는 말이 나왔는데, 무엇을 뜻하는지 아무도 몰랐지만 나는 한눈에 그것이 신회에 대한 것임을 알 수 있었습니다. 나는 멀리 만 리 이상의 여행을 하여 시베리아를 거쳐 유럽으로 가 선종의 자료를 찾고자 하였습니다만, 그것이 파리에 도착한 지 3일도 되지 않은 상태에서 발견되었던 것입니다. 며칠 후에는 더 짧은 두루마리를 발견했는데 그것도 틀림없이 신회와 관련된 것이었습니다.

그 후 영국으로 돌아와 이번에는 비교적 오래 머물면서 다시 신회와 관련된 두루마리를 발견했는데, 그 밖에 그 당시 선종에 관한 자료도 많이 있었습니다. 나는 그것들을 모두 사진을 찍어서 귀국했습니다. 4년 후 상해에서 자료를 정리해 출판했고, 『신회화상유집神會和尚遺集』이라는 제목을 붙였으며, 또 신회를 위해 만 자 정도의 전기도 썼습니다. 이것은 참으로 중국 선종의 '북벌北伐' 지도자인 신회의 너무나도 소중한 자료였던 것입니다. 파리에서 이 자료들을 발견했을 때, 부사년 선생은 매우 기뻐해 주셨습니다.(『胡適的聲音1919-1960: 胡適講演集』)

4반세기를 거친 지금도 여전히 흥분이 가시지 않은 모습을 생생하게 전해 주는 열렬한 어조입니다. 이리하여 대작의 논고 「하택대사신회전荷澤大師神會傳」을 수록한 『신회화상유집』이 출판된 것은 발견하고부터 4년이 지난 민국 19년 즉 1930년, 일본에서는 소화 5년의 일이었습니다.

전통적인 '종학宗學'과 확연히 구분되는 근대적인 학문으로서의 '선학사'에 관한 연구, 그것이 여기서부터 시작되었습니다. 이후 호적 박사의 연구에 자극을 받아 일본의 스즈키 다이세쓰(鈴木大拙) 박사도 새롭게 출토된 돈황선종문헌 연구에 편승하면서, 선종사 연구는 20세기 새로운 학문으로서 눈부시게, 또 화려하게 전개되었던 것입니다.

2. 북종과 남종

측천무후와 동산법문

그렇다면 그런 새로운 연구를 통해 밝혀진 선종의 역사란 어떤 것이었을까요?

전설시대의 것은 일단 제쳐 두고, 선종이 하나의 사회적 실체로서 중국 역사의 표면에 등장하게 된 것은 초당 측천무후 시대의 일입니다. 그 담당자는 앞서 '전등' 계보의 이야기 속에 등장했던 신수라는 인물입니다. 이야기 속에서는 오조의 법을 훼손한 아둔한 사람처럼 되어 버렸습니다만, 그것은 어디까지나 훗날에 만들어진 이야기이고 사실史實은 그 반대입니다.

신수는 초당시대의 훌륭한 고승으로 당 왕조의 정사인 『구당서 舊唐書』에도 전기가 실려 있는 인물입니다. 중국에서는 각 왕조별로 역사서를 남겼는데 그것을 '정사'라고 합니다.(당 왕조의 정사는 신구 두 종류가 남아 있으므로 『구당서』, 『신당서』로 구분하여 부르고 있습니다.) 정사에 전기가 실렸다는 것은 대단한 일로, 더군다나 승려의 전기가 실려 있는 경우는 거의 없습니다. 『구당서』에 전기가 실린 승려는 세 명뿐인데, 그 가운데 한 사람이 신수, 또 한 사람이 역曆을 만든 것으로 유명한 일행一行, 그리고 나머지 한 사람이 현장

삼장玄奬三藏입니다. 불교에 관심이 없는 사람이라도 현장삼장의 이름을 모르는 사람은 없을 것입니다. 신수는 당 왕조의 역사상 그 현장에 버금가는 중요성을 인정받았던 것입니다. 그 신수를 측천무후가 파격적으로 대우하여 궁중으로 초대하였고, 예를 다하며 귀의할 뜻을 밝힘으로써 '(1) 달마 — (2) 혜가 — (3) 승찬 — (4) 도신 — (5) 홍인'이라는 예의 계보를 가진 선종이라는 집단(신수 등은 東山法門이라 불렸습니다만)이 비로소 천하에 널리 알려졌으며 강력한 세력과 높은 권위를 가지게 된 것입니다.

동산東山이라는 것은 오조 홍인선사가 살았던 산 이름입니다. 초당기, 선종이 처음으로 세상에 나왔을 때, 오조의 정통 후계자이자 동산법문의 정통 대표자는 의심할 여지없이 신수였습니다. 신수는 장안·낙양 두 도시에서 무후·중종·예종 삼대 제왕의 존경을 받았으며, '양경兩京의 법주法主, 삼제三帝의 국사國師'로까지 칭해졌습니다. 그가 죽은 다음에는 제자 보적普寂과 의복義福이 당 왕조의 귀의를 받으면서 장안·낙양 일대에서 강대한 위세를 자랑했습니다.

신회의 북종 비판

그런데 보적 등의 위광이 절정에 달했던 개원 20년(732) 무렵, 신회라고 하는 한 이름 없는 승려가 나타나 돌연 보적 등을 공격하기 시작했습니다. 호적이 파리 돈황문헌에서 발견한 것은 바로 이 신회라는 인물의 법회와 문답 기록이었습니다. 그간의 경위를 호적 박사는 앞에서 인용한 〈선종사의 새로운 시각〉이라는 강연에서 다음과 같이 말했습니다.

서력 700년(무측천의 구시원년), 조詔에 따라 능가종楞伽宗(동산법문)의 저명한 승려, 신수가 도읍에 초대되었습니다. 그때 그는 이미 90세였으며, 나라 전체에 이름이 알려진 고행승이었습니다. 그가 호북에서 양경에 이르렀을 때, 무측천과 중종, 예종은 모두 무릎을 꿇고 그를 영접하였습니다. 그 명망이 얼마나 높았는지 짐작하게 하는 대목입니다. 그는 양경에 겨우 6년을 머무르다 죽었습니다만, 그러나 그 사이에 '양경의 법주, 삼제의 국사'가 되어 있었습니다. 그가 죽자 장안사람 만 명이 통곡을 하였고, 장례 행렬에 참가한 사람은 그 수가 천만을 넘었다고 합니다. 당시에 이름을 날리던 장열張說이 비문을 쓰고 신수를 보리달마 제6대라 기록하였습니다. 신수가 죽은 다음에는 2대 제자 보적과 의복이 이어서 황제·황후의 귀의를 받았습니다. 이때가 능가종의 전성기였습니다.
그런데 서력 734년(개원 22), 갑자기 신회라고 하는 하남성 활대의 남방화상이 나타나 신수·보적 일파를 '사승師承은 방계傍系, 법문法門은 점오漸悟'라 하며 공공연하게 비난하기 시작했습니다. 달마의 제6대는 신수가 아니라 혜능이며, 혜능이야말로 홍인이 법을 전한 제자라고. 그리고 혜능과 신회는 돈오를 주장했습니다. 어떤 사람이 신회에게 물었습니다. "지금 신수·보적 일파는 하늘이라도 찌를 기세이다. 당신은 그들을 공격하여 두렵지 않은가?" 신회는 대답했습니다. "나는 천하의 종지를 정하고 시비를 가리려는 것이다. 두려울 것이 있겠는가?" 그때 신회는 이미 80이 넘었습니다. 734년에서 755년 사이, 신회는 과감하게 나서서 나라 전체에 존경을 받고 있는 호북의 신수화상에게 도전장을 내밀었고, 다수의 증거를 제시하며 제왕이 존숭하는 종파를 공격한 것입니다. 자신의 스승이 한밤중에 홍인에게 물려받았다는 가사를 그 증거로 내세운 그에게 사람들은 경복했습니다. 그때 신수는 이미 세상을 떠났고, 2대 제자인 의복(732년 몰), 보적(739년 몰)도 연이어 세상을 떠난 후였습니다. 신회에게 반론을 펼칠 수 있는 사람은 이미 없었습니다. 반대파는 신회의 설법이 지나치게 사람들의 마음을 움직일까 두려워하여, 그가 군중을 선동하고 불온한 짓을 한다며 비난하였습니다. 결국 어사중승御史中丞 노혁盧奕이 탄핵을 주상하고, 황제는 신회를 남방으로 추방하였습니다. 신회는 처음에는 낙양에서 강서의 익양으로, 거기서 다시 호북의 무당, 양양, 형주로 옮겨 가야 했습니다. 3년 사이에 4번이나 방출된 셈입니다만, 반대파가 압박하면 할수록 정부가 방출하면 할수록 신회의 명망은 점점 높아갔고 그 지위는 점점 더 거대해졌습니다.(『胡適的 聲音1919-1960: 胡適講演集』)

몇 개의 연도와 연령이 나왔습니다만, 그다지 마음에 두지 마세요. 신회의 전기 자료는 여러 개가 있고 그 기술에도 상이점이 있습니다. 이때, 호적 박사는 『송고승전宋高僧傳』에 근거하여 이야기를 하고 있습니다만, 훗날 신회의 생몰년이나 법회 개최 연차에 대해서는 다른 설도 있습니다. 또 호적 박사의 독자적 고증 결과가 뒷날 새로운 출토자료에 따라 수정되거나 부정되는 경우도 있었습니다. 그러나 지금 여기서 그런 세세한 문제를 다룰 필요는 없을 것입니다. 여기서 중요한 것은 신회의 신수·보적 일파에 대한 비판이 '사승은 방계, 법문은 점오'로 요약되었다는 점입니다. 이 말은 원래 종밀宗密이라는 중당시대 유명한 승려가 신회의 전기에서 사용한 것입니다. 화엄종華嚴宗의 유명한 학승인 동시에 스스로 신회의 흐름을 이은 선승이라고 표방한 인물로, 확실히 신회의 비판 논지를 정확하게 정리하였습니다.

사승은 방계, 법문은 점오

먼저 '사승은 방계'라는 것은 신수·보적 등의 법계가 방류라는 뜻입니다. 즉 '(1) 달마 ─ (2) 혜가 ─ (3) 승찬 ─ (4) 도신 ─ (5) 홍인 ─ (6) 혜능', 이 법계야말로 유일한 정계이며 신수 등은 방계에 불과하다는 것이 신회의 주장이었습니다.

신회는 광동 혜능의 법문을 '남종南宗', 신수·보적의 법문을 '북종北宗'이라 불렀습니다. 확실히 혜능이 간 광동은 중국의 가장 남쪽이며, 그것과의 대비로 장안·낙양의 신수 등이 북방의 종파라 불리는 것은 너무나 당연한 일처럼 생각됩니다. 그러나 '북종'과 '남종'이라는 명칭에는 실은 단순한 지리적 구분 이상의 의미가 포함되어 있습니다. 초조 보리달마가 '남천축국南天竺國'의 왕자였다고 전해지는 것에서 달마의 가르침은 '남천축일승종南天竺一乘宗'이라 불렸으며, 그 때문에 '남종'이라는 칭호에는 달마선의 정통이라는 어감이 내포되어 있습니다. 따라서 '북종'에는 '남종'에 포함되지 않는 비정통의 일맥이라는 폄의가 담겨 있는데, 실제로 신수·보적 등이 스스로를 '북종'이라 부른 적은 없으며, 오히려 신회 이전에는 그들이 스스로를 '남종'이라 자칭했던 예도 있습니다. 단, 다른 적당한 이름이 없으므로 현대 선종사 연구에서도 '북종'이라는 호칭을, 말하자면 조건을 달아서 편의상 사용하고 있습니다.

다음으로 '법문은 점오'라는 것은 신수·보적 등의 '북종'이 말하는 선법은 '점오漸悟'에 불과하고, 우리 '남종'은 '돈오頓悟'를 말한다는 뜻입니다. 돈오라는 것은 한순간에 모든 것을 깨닫는 것, 점오는 단계적·점진적으로 서서히 깨달아 가는 것을 말합니다만, 여기에도 물론 돈오는 고차적, 점오는 저차적이라는 가치관이 포함되어 있습니다.

"신수 등의 '북종'은 '점오'를 말하는 방계에 불과하며, 혜능의 '남종'이야말로 '돈오'를 말하는 정통 선이다." 신회가 일방적으로 세운 이 계보는 '남능북수南能北秀'라든가, '남돈북점南頓北漸'이라는 성어가 되어 널리 정착되어 갔습니다. 앞에서 소개한 전통적인 '전등' 계보의 이야기나 다양한 육조 혜능의 전설도 실은 후세, 이 도식에 따라 만들어진 것이었습니다.

북종선이란

그렇다면 실제로 신수의 선은 어떤 것이었을까요? 신회는 '북종'이라는 이름으로 멋대로 묶어 버렸지만, 돈황에서 출토된 초기 선종 문헌에서 보면, 이른바 '북종' 가운데에도 이미 복수의 파별과 그것에 대응하는 복수의 문헌이 있었으며, 또 선법에도 복수의 종류와 다양한 시대적 변천이 있었던 것 같습니다. 지금 그러한 다양성을 버리고 최대공약수적으로 말하면 이 사람들의 선에 공통되는 것은 대체로 다음과 같은 생각이었습니다.

(1) 각 사람들의 내면에는 '불佛'로서의 본질(불성)이 처음부터 완전한 형태로 실재한다.
(2) 그러나 현실에서는 망념·번뇌에 덮여서 그것이 보이지 않게 되었다.

(3) 따라서 좌선으로 그 망념·번뇌를 제거하면 마침내 불성이 드
러나게 된다.

즉, 현실태의 미혹된 자기를 극복하고, 그 근저에 잠재되어 있는
'불'과 동일한 본래의 자기를 회복한다는 생각입니다.

예를 들면 돈황 출토 『수심요론修心要論』이라는 문헌이 있습니다.
오조 홍인의 이름에 가탁하여 이른바 북종 계통의 선법을 정리한
것으로, 그 가운데 다음과 같은 단락이 보입니다.

물었다. "스스로의 마음이 본래 청정하다는 것을 어떻게 알 수 있
습니까?"
대답하였다. "『십지론十地論』에서는 '중생의 몸 가운데 금강불성金
剛佛性이 있다. 그것은 마치 햇살처럼 밝으며 원만하고 넓게 펴지
면서 무한하다. 다만 몇 겹이나 되는 미망의 구름에 가려 있을
뿐이다. 그것은 항아리 속 등불이 밖을 비추지 못하는 것과 같다'
라고 하였다. 즉 태양에 비유하여 말하면 속세라는 구름이나 안
개가 사방팔방에서 솟구쳐 오를 때와 같다는 것이다. 천하는 칠
흑 같은 어둠인데 어떻게 해가 빛날 수 있겠는가?"
물었다. "어찌하여 빛이 없어지는 것입니까?"
대답하였다. "빛은 없어지지 않는다. 다만 구름이나 안개에 가려
질 뿐이다. 모든 중생의 청정한 마음도 마찬가지다. 겹겹의 구름
과 같은 미망에 가려 있는 것이다. 오직 본래의 마음을 밝게 보존

하여 미망이 생기지 않도록 하면 열반이라는 태양이 저절로 나타
난다. 그리하여 스스로의 마음은 본래 청정하다고 깨닫게 되는
것이다."

'태양처럼 빛나는 불성을 구름과 같은 망념, 번뇌가 뒤덮어서 가
리고 있는 것이다. 그 구름만 걷어내면 태양은 원래부터 거기에 눈
부시게 빛나고 있다.' 이 비유는 이 시기 선종문헌에 반복적으로 나
타나는 것으로, 야나기다 세이잔(柳田聖山) 선생은 이전에 이것을 '북
종선의 기조'라 불렀습니다. 같은 비유가 돈황에서 출토된 '북종'계
의 역사서 『능가사자기楞伽師資記』의 구나발타라장求那跋陀羅章에도 다
음과 같이 보입니다.

대도는 원래 넓고 크며 또 두루 편재되어 있다. 그것은 원만하면
서 청정하며 다른 것을 원인으로 하여 얻을 수 있는 것이 아니다.
그것은 마치 떠도는 구름 깊숙이 있는 햇빛과 같아서 구름이 사
라지면 햇빛은 저절로 나타나는 것이다. 그런데 무엇 때문에 박
학다식으로 문자어구를 섭렵하여 오히려 윤회의 길로 되돌아갈
필요가 있겠는가? 입으로 문언을 말하고 그것을 전하여 '도'라고
하는 자, 그는 명성이나 이익을 탐하여 자신은 손해를 보지 않으
면서 다른 사람에게 손해를 끼치는 자에 불과하다.
그것은 또한 거울을 닦는 것과 같다. 거울 위에 티끌만 닦으면

거울은 원래부터 맑고 깨끗한 것이다.(柳田聖山, 『初期の禪史』Ⅰ, 禪語
錄2)

여기에도 망념·번뇌인 떠도는 구름과 그 깊숙이 빛나는 불성인
태양이라는 형상이 제시되어 있습니다. 홍미로운 것은, 여기서는 같
은 이야기가 티끌과 거울이라는 비유로 바뀐 것입니다. 이것을 보면
누구라도 앞의 육조 혜능의 이야기에 나왔던 저 신수의 게를 떠올리
게 될 것입니다.

이 몸은 깨달음의 나무이고
내 마음은 깨끗한 거울대와 같으니.
항상 부지런히 털고 닦아서
티끌과 먼지가 끼지 않도록 하세.

이야기 자체는 신회보다 더 후대의 사람들이 창작한 것이겠지요.
그러나 이 한 수에는 '북종'선의 수행 원리와 분위기가 매우 잘 표현
되어 있습니다. 자신에게 본래 구유되어 있는 불성의 실재를 확신하
면서 좌선으로 꾸준히 번뇌를 불식하여 가는, 그것이 그들의 선이었
습니다. 매우 성실하고 진지한 선이었다고 할 수 있을 것입니다.
그 때문에 이 계통 사람들 사이에는 다양한 좌선 방법이 궁구되

었던 것 같습니다. 『능가사자기』에는 구체적인 좌선법을 실로 다양하게 설명하였는데, 지금 간략하게 정리한 것을 한 가지 소개하겠습니다. 홍인장弘忍章에서 말하는 '간일자看一字'입니다.

> 좌선을 할 때에는 평평한 땅에 몸을 바로 하여 단정하게 앉아서 여유롭게 심신을 편안하게 하고 허공에 '일一'자를 보려고 하라. 이 선법에는 저절로 그러해야 할 단계가 있다. 우선 초학자로 사물에 대한 집착이 많은 경우에는 마음속에 '일一'자를 보라. 다음으로 마음이 청징해지면 좌선에서는 광대한 평원에서 오직 홀로 높은 산 정상에 앉아 있는 것처럼 사방 어디를 둘러보아도 넓게 펼쳐져 끝이 없는 상태가 되라. 이렇게 앉아서 천지 가득히 심신을 편안하게 하고, 부처의 경계 즉 법계에 머문다. 청정법신淸淨法身의 무한한 모습은 흡사 이 상태와 같다.(『初期の禪史』I)

여기서는 '일一'이라는 문자의 다양성을 이용하면서 '간일자'라는 행을 두 단계로 나누어 설명합니다. 즉 (1) 잡념을 수렴하기 위해 허공에 일一자를 떠올려 응시하는 '초심' 단계, (2) 그 다음에 깨끗한 마음으로 세계의 전일성全一性을 보는, 즉 테두리 없는 법계에 동화하여 스스로 전일한 법신이 되는 '부처의 경계'인 2단계입니다. 여기에 '점오'의 법문이라 불릴 수 있는 계제적, 점진적 성격이 있는 것은 분명합니다. 좌선만이 아니라 어학이나 스포츠, 또는 예술에서도 살아 있는 인간이 몸을 사용하여 성실하게 하는 일이라면 장기간의 지속적인 노력이 요청되고, 시간이 경과됨에 따라 심화나 향상의 과정이 수반되는 것은 당연한 일이겠지요.

가장 초기 선종은 말하자면 있는 그대로의 미혹된 자기를 좌선이라는 행위로 극복하고, 원래부터 있던 부처로서의 자기를 회복하는 선이었습니다. 그런 의미에서는 확실히 '좌선坐禪·내관법內觀法을 닦아서 인간 마음의 본성을 깨닫고자 하는 종파'였다고 해도 좋겠지요.

돈오와 점오

그런데 신회는 이것을 '돈·점이 같지 않기 때문에' 허락할 수 없다고 비난했습니다.

신회는 신수·보적 등의 선법을 '응심입정凝心入定, 주심간정住心看淨, 기심외조起心外照, 섭심내증攝心內證'이라 요약하였습니다. 즉 마음을 응집하여 삼매三昧에 들고, 마음을 고정하여 청정한 것을 관상하며, 마음을 일으켜 외재세계를 비추고, 마음을 다스려서 내면세계를 체인한다는 것입니다.

이 구절 그대로는 신수·보적의 현존하는 교설에 보이지 않으며, 구체적인 의미도 알 수 없습니다. 하지만 신회는 신수·보적의 교설을 이렇게 정식화한 다음, 마음에 '조복調伏'을 더해 가는 '어리석은 자의 법'에 불과하다고 비판했습니다. 마음을 실체적인 대상물로서 눈앞에 두고, 응집·안정·정화하여 가는, 즉 마음이라는 객체를 순차적으로 '조복'해 가는 그러한 '어리석은 자의 법'은 달마 이하 육대 조선들의 법에 위배된다는 것입니다. "우리 육대 대사는 하나하나 모두 '단도직입單刀直入, 직료견성直了見性'을 말하였고 계점階漸(단계, 계제)을 말하지 않았다", 그것이 신회의 주장이었습니다.(『菩提達磨南宗定是非論』)

그렇다면 신회 자신은 어떤 선을 설파한 것일까요? '북종'을 비판하는 법회에서 신회는 다음과 같이 말했습니다.

> '응심입정, 주심간정, 기심외조, 섭심내증', 그렇게 가르치는 것은 보리를 방해하는 것에 불과하다. 나는 생각(念)을 일으키지 않는 것을 '좌坐'라고 하고, 자기 본성을 보는 것을 '선禪'이라 한다. 그러므로 좌하여 주심입정住心入定하는 일을 하지 않는 것이다. 만약 '응심입정' 운운하는 선법이 옳은 것이라면 유마거사維摩居士가 사리불舍利佛을 꾸짖을 턱이 없지 않겠는가?(『維摩經』, 「弟子品」)

'응심입정, 주심간정, 기심외조, 섭심내증', 그것은 '좌선하는 방법으로 옳지 않다', '올바른 좌선 방법은 다른 것이다', 신회는 그렇게 말한 것이 아닙니다. 신회는 여기서 ‘좌선’의 ‘좌’는 생각을 일으키지 않는 것, ‘좌선’의 ‘선’은 본성을 보는 것이라고 말합니다.

그것은 좌선하는 새로운 방법을 말한 것도, 좌선이라는 행위에 새로운 의미를 부여한 것도 아닙니다. ‘좌선’이라는 말을 사용하였지만 실제로는 좌선이라는 신체적 행법을 폐기하고 ‘좌’, ‘선’ 두 자를 오직 정신적인 것으로 그 의미를 전환한 것입니다.(이 정의는 훗날 『육조단경』에 인용되었고 후세에는 육조 혜능의 말로 알려집니다.) 신회는 그 증거로서 『유마경維摩經』 「제자품弟子品」의 고사를 들고 있습니다. 그것은 숲속 나무 아래에서 좌선에 빠진 사리불을 유마힐維摩詰이 엄하게 질책했다는 이야기입니다.

‘점오’를 부정하고 ‘돈오’를 주장했다는 이야기가 ‘점오’의 좌선에서 ‘돈오’의 좌선으로 진행되지 않고, 이처럼 좌선 그 자체를 폐기하는 결론으로 나아간 이유는 무엇일까요?

그것은 신회의 북종 비판이 좌선의 방법론, 기술론적 차원이 아니라 더욱 근본적인 인간관 그 자체의 상이에서 발생한 것이었기 때문입니다. 이른바 ‘북종’ 사람과 신회 사이에는 인간의 본질(‘불성’, ‘본성’)에 관한 이미지가 근본적으로 달랐던 것입니다. 신회가 말하는 다음 비유를 앞의 태양과 구름의 비유와 비교해 주시기 바랍니다.

허공이라는 것에는 본래 어떤 동정도 없다. 밝음이 왔다고 해서 허공 자체가 밝아지는 것도 아니며, 어둠이 왔다고 해서 허공 자체가 어두워지는 것도 아니다. 어두운 때의 허공도 밝을 때의 허공과 같은 허공이며, 밝을 때의 허공도 어두운 때의 허공과 같은 허공이다. 명암에는 가고 오는 것이 있지만, 허공 자체에는 본래 어떤 동정도 없다. '번뇌즉보리煩惱卽菩提'라는 것도 마찬가지이다. 그 위를 오가는 미혹됨과 깨달음의 차이는 있지만 '보리심' 그 자체에는 본래부터 어떤 움직임도 없는 것이다.(『神會語錄』[石井本], 39쪽)

여기서 '보리심'이라는 것은 보리를 추구하는 이른바 '발심發心'을 말하는 것이 아닙니다. 보리 그 자체인 마음, 즉 불성, 본성을 가리키며, 이른바 본래성의 다른 이름입니다.

신회가 생각한 '번뇌즉보리'는 '미혹됨'과 '깨달음'이 등치되는 것도, '미혹됨'이 '깨달음'으로 전화하는 것도 아닙니다. '미혹됨'도 '깨달음'도 '허공'과 같은 '보리심' 위를 오고 가는 상대적인 개별적 '상'에 불과하며, '보리심' 그 자체와는 관계가 없습니다. '보리심' 그 자체는 어떤 '상'으로도 구분되지 않는 무한정이며, 무분절적인 것이고, 그것을 '번뇌즉보리'라 한다는 것입니다. 말하자면 어떤 영상이 비추어지든, 절세미인이 비추어지든 무도한 악인이 비추어지든, 스크린 그 자체는 항상 한 면의 공백일 뿐입니다. 그 스크린의 공백이야말로 자기 본질이며, 거기에 비친 미녀와 악인의 차이는 전혀 문제될 것이 없는 것입니다.

'북종'에서 불성은 구름이나 안개 너머에 감추어진, 빛나는 태양과 같은 것이었습니다. 여기서는 실물로서의 미혹됨(雲霧)을 선정으로 제거하고, 마침내 그 깊은 곳에서 비밀스럽게 빛나는 실물로서의 깨달음(태양)을 드러나게 하는, 그런 실물적인 이미지가 농후했습니다. 실물로서 강고하게 존재하는 번뇌를 제거해 가는 것이므로, 거기에는 물리적인 작업이 지속되어야 하며, 실물을 처리해 가는 지속적인 작업에는 당연히 시간의 경과와 공정의 진보가 필요하였고, 그랬기 때문에 점진적인 선정주의라는 이른바 근면하고 성실한 수행 원리가 등장하게 된 것입니다.

그러나 신회 입장에서 보면 태양도 뜬구름도, 즉 깨달음도 미혹됨도 자기 본질은 아닙니다. 그것은 이른바 대공大空이라는 무한대의 스크린 위를 오가는 영상에 불과한 것입니다. 거기서 필요한 것은 미혹됨의 영상을 배제하거나 깨달음의 영상을 고정하는 것이 아니라 그것이 비추어진 스크린 그 자체를 스스로 알아채는 것입니다.

신회는 법회에서 '좌선'의 '좌'란 생각을 일으키지 않는 것, '좌선'의 '선'이란 본성을 보는 것이라 하였습니다. 그것도 바로 이런 의미입니다. '좌'란 자기의 본래성이 어떤 관념으로 인해 구분되거나 규정되지 않는 것, '선'이란 그러한 본래성을 스스로 '보는 것'입니다. 원래 그런 것을 다만 그렇다고 '볼' 뿐이므로 거기에는 시간차도 단계의 선후도 없습니다. 신회가 말하는 '돈오'는 깨달음의 속도가 빠

르다는 것이 아니라 깨달음에는 원래 시간차도 단계도 존재할 수
없다는 뜻입니다.

그 입장에서 보면 '북종'의 선법이란 거기에 비친 미혹됨이나 깨
달음의 영상을 실체화하고, 선정이라는 공구를 사용하여 미혹됨의
영상은 깎아 내고 깨달음의 영상은 새겨 넣으려는 어리석은 행동에
지나지 않습니다. 그렇게 하면 결국 스크린 그 자체를 훼손시켜 엉
망진창이 될 뿐입니다. 신회는 말합니다. "선정을 다스리고자 하는
것은 원래 망심이다."(『神會語錄』[石井本]) 점오를 비판하고 돈오를 정통
화하는 주장이 '점오'의 좌선에서 '돈오'의 좌선이라는 논의로 진행
되지 않고, 좌선 그 자체를 폐기하는 결론에 도달한 것은 바로 이
때문이었던 것입니다.

신회의 정혜등학설

신회는 같은 말을 '정혜등定慧等' 또는 '정혜등학定慧等學'이라는 말
로도 설파하였습니다. 글자로 보면 선정과 지혜를 균등하게 공부하
는 것처럼 보입니다만, 이 또한 그렇지는 않습니다. 저 '북종'을 비판
하는 법회에서 신회는 다음과 같이 말합니다.

"선사들이 말씀하신 '정혜등학'은 어떤 것입니까?"

신회가 말한다. "'정定'이란 '체體'가 불가득不可得이라는 것, '혜慧'란 그 불가득한 '체'가 고요하고 정숙하면서도 거기에 무한한 '쓰임'(用)이 있다는 것을 '보는' 것이다. 그 때문에 '정혜등학'이라 하는 것이다."(『菩提達磨南宗定是非論』)

여기서 불가득이라는 것은 파악한다는 행위가 불가능하다는 뜻이 아니라, 파악할 수 있는 개별적인 '상相'이 원래부터 실재하지 않는다는 뜻입니다. 앞에서 든 비유로 말하자면 본래성 즉 '체'는 '허공'처럼 무한정無限定·무분절無分節적이라는 뜻으로, 그것이 여기서는 '정定'이라 불리고 있습니다. 그것은 무한정·무분절적이기 때문에 고요하고 정숙하지만, 그러나 무한정·무분절이기 때문에 거기로부터 온갖 작용 즉 '용用'이 끊임없이 생겨납니다. 그것을 스스로 '보는' 것이 '혜慧'라는 것입니다. 여기서도 '정定'은 이미 선정이라는 의미는 아닙니다.

이 '정혜등'의 설이 앞에서 본 '좌선'의 정의('좌선'의 '좌'란 생각(念)을 일으키지 않는 것, '좌선'의 '선'은 본래성을 보는 것)와 같은 말이라는 것은 분명할 것입니다. 신회에게는 '좌선'도 '정혜등'도 무분절인 본래성이 스스로의 무분절을 자각하는 것에 다름 아니었습니다.

앞에서 '북종'의 입장을 세 가지로 정리하였는데, 그것을 신회의 입장과 대비시켜 정리하면 다음과 같습니다.

(1) 각 개인에게 구유되어 있는 부처로서의 불성은 허공처럼 무한정·무분절적인 것이다.

(2) 미혹됨이나 깨달음은 그 허공 위를 오가는 영상에 불과하다. 선정으로 미망을 배제하고 청정을 구하고자 하는 것은 본래 무한정·무분절인 것을 훼손시키는 어리석은 행동에 불과하다.

(3) 허공과 같은 본성에는 본래적으로 지혜가 갖추어져 있고, 그 지혜로 무한정·무분절적인 스스로의 본래상을 분명하게 자각하는 것이다.

신회는 이 생각을 참으로 다양한 방식으로 설명하였습니다. 역으로 말하면 다양한 용어와 전고를 들어 설명하고 있습니다만, 실제로 말하고자 했던 것은 이것 하나뿐이었습니다. 그 가운데 신회가 비교적 자주 사용한 것은 『금강경金剛經』의 '응무소주이생기심應無所住而生其心'이라는 구절을 이용한 것으로, '응무소주'를 '체', '이생기심'을 '용'에 배당한 다음과 같은 설명 방식이었습니다. 여기서 신회는 어떻게 하면 해탈할 수 있을까 라는 질문에는 "단지 무념만 얻으면 그것이 그대로 해탈이다"라고 대답했고, 그렇다면 '무념'이란 무엇인지를 묻는 질문에는 "부작의不作意가 즉 무념"이라고 답한 다음에 그 긴 문답을 다음과 같이 정리했습니다. '작의'도 '기심起心'도 신회에게는 개별적인 관념(相)을 만들어서 무분절적인 본래성('무상')을 구분하거나 분절한다는 의미로, 그것이 없는 것, 즉 무분절적인 본래성이 원래 무분절된 채로 있는 것이 '무념'이라는 것입니다.

이리하여 이 법문에서는 핵심 그 자체를 직지하고, 번쇄한 이론
에 의거하지 않는다. 즉 모든 중생, 그 마음은 '본래무상本來無相'
이다. '상相'이라는 것은 모두 망심이다. 그렇다면 '망妄'이란 무엇
인가? '작의作意'로서의 마음을 고정시켜 '공空'이라든가 '정淨'이라
는 관념을 만드는 것, 또는 '마음을 일으켜'(起心)서 '보라', '열반'을
깨닫고자 추구하는 것, 그 어느 쪽이든 '망'에 불과하다.
그러한 '작의'만 하지 않으면 마음속에는 아무것도 없고 따라서
사물로서 한정된 마음도 존재하지 않는다. 그렇게 하면 자성은
공적하고 그 공적한 자성 위에 원래부터 본지本智가 구유되어 있
다. (본지가 가진 그) 지의 작용, 그것을 조용照用이라 하는 것이
다. 그 때문에 『반야경般若經』(『金剛般若經』)에 '응무소주이생기심'이
라는 구절이 있다. '응무소주'란 공적한 자성의 본체를 가리키며,
'이생기심'은 거기에 구유되어 있는 본지의 작용을 말한다. 오직
'작의'만 없으면 저절로 깨달음에 들 것이다. 힘써 자신을 소중히
여기기를.(『神會和尙禪語錄』)

다른 곳에서는 "'응무소주'는 추측건대 그대들의 '무주심無主心'을
말하며, '이생기심'이란 마음이 무주함을 '아는 것'이다"라는 설명도
보입니다.(『壇語』) '무주심'은 앞에서 말한 '불가득'인 '체體'의 동의어,
그것을 '안다'는 것은 앞에서의 '보다'의 동의어라는 것은 쉽게 알

수 있겠지요. 이것이 앞의 '좌선'이나 '정혜등'과 같은 체용론體用論으로 설명하고 있는 것이 분명합니다.(『금강경』의 이 구를 체용에 배당하는 설의 선례는 '북종'계 사람 侯莫陳琰의 설에 보이며, 신회에게 영향을 주었을 것이라고 합니다.[伊吹敦, 「『頓悟眞宗金剛般若修行達彼岸法門要訣』と荷澤神會」 참조])

성당 시인으로 이름이 높은 왕유王維와의 대담에서도 신회는 다음과 같이 말했습니다.

> 시어사侍御史 왕유가 신회에게 물었다. "스승의 선법은 혜징선사惠澄禪師와 어떤 점이 다릅니까?"
> 신회가 대답했다. "혜징선사의 선법은 먼저 선정禪定을 닦고 그에 따라 삼매三昧를 얻으며 그런 후에 지혜를 일으킨다는 것입니다. 한편 제 입장에서는 지금 이렇게 당신과 말하고 있는 이 상황이 그대로 '정혜등定慧等'인 것입니다. 『열반경涅槃經』에도 '정이 많고 혜가 적으면 무명無明이 늘고, 혜가 많고 정이 적으면 사견邪見이 는다. 정과 혜가 같으면 불성佛性이 보인다'고 했습니다. 그 때문에 다르다고 하는 것입니다."
> "그렇다면 '정혜등'이란 어떤 상태를 말합니까?"
> "'정'이란 본성이 무분절인 것, '혜'란 그 무분절인 본성이 공적하면서 무한한 작용을 갖추고 있다는 것을 '보는' 것, 그것이 즉 '정혜등'입니다."(『神會和尙禪語錄』)

혜징선사가 누구인지는 알 수 없지만, "먼저 정定을 닦고, 정을 얻은 다음에 혜慧를 발휘한다"라는 설명방식으로 짐작건대 북종계 선법을 대표하는 역할을 맡은 듯합니다. 신회는 이것을 앞에서 언급한 '정혜등'설과 대치시키고 있습니다만, 여기서 주목해야 할 것은 신회가 "지금 이렇게 그대와 이야기를 나눌 때, 참으로 정혜가 균등하다"라고 말한 것입니다. '정혜등'이 새삼스럽게 닦아야 할 수행법이 아니라 본래성 자기 스스로의 자기 인식이라면 자기는 항상 '정혜등'이 아닐 때가 없으며, 따라서 지금 이렇게 당신과 이야기를 하고 있을 때도, 자기는 참으로 명백하게 '정혜등'이라는 것입니다.

현실태의 자기가 일상적인 삶 속에서 항상 무분절의 본래성을 자각하고 있다는, 즉 좌선을 해체하고 그 대신에 일상적 현실을 즉자적으로 긍정하는 당대선唐代禪의 기조는 이미 여기에 싹트고 있었습니다. 신회 자신은 아직 이 점을 강조하고 있지 않습니다만, 당대의 선은 이후 이 방향으로 진행되어 있는 그대로의 자기가 곧 부처라는 방향으로 나아갔던 것입니다.

3. 보당무주의 선

신회의 최만년, 저 '안사安史의 난亂'이 발발했습니다. 한때는 당 왕조가 붕괴될 위기까지 갔던 커다란 전란이었습니다만, 선종에서는 이 난을 전후로 하여 중국 각지에 새로운 파들이 다투어 일어났으며, 각각 독자적인 계보와 사상을 주장하게 됩니다. 전란으로 정치, 경제, 사상, 문화의 중심이 장안과 낙양 두 도시에서 각 지방으로 분산된 것, 또 신회의 '북종'비판운동으로 선종의 정통의식이 상대화된 것, 그러한 내외쌍방의 다원화 추세를 그 배경으로 생각할 수 있을 것입니다.

종밀의 기록에 따르면(이라고 하는 것은 종밀의 시야에 들어온 한에서 라는 뜻도 됩니다만), 그것들은 크게 다음과 같은 신구 7종으로 정리할 수 있습니다.

1. 북종北宗　　　　　장안長安 － 신수神秀, 보적普寂
2. 정중종淨衆宗　　　사천四川 － 정중무상淨衆無相
3. 보당종保唐宗　　　사천四川 － 보당무주保唐無住
4. 홍주종洪州宗　　　강서江西 － 마조도일馬祖道一
5. 우두종牛頭宗　　　강남江南 － 우두법융牛頭法融
6. 남산염불문南山念佛門　사천四川 － 과랑선습果閬宣什

7. 하택종荷澤宗 　　　낙양洛陽 － 하택신회荷澤神會

각 파에는 다양한 사상과 수행법이 있어서 백가가 다투는 모습을 보였지만, 최종적으로 살아남은 것은 당대선의 주류가 되었던 4의 홍주종, 즉 마조도일의 선이었습니다. 그것에 관해서는 제2강에서 상세하게 소개하겠습니다만, 그것에 앞서 주목하고 싶은 것은 세번째 보당무주의 선입니다. 신회 속에 겨우 맹아가 보였던 일상적 자기의 즉자적 긍정이라는 방향성을 극단으로까지 밀어붙여 마조도일의 선구가 된 것이 이 보당무주의 선이었습니다.

마조는 홍주, 즉 지금의 강서성 일대에서 활약했는데, 원래는 무주와 같은 사천 출신이었습니다. 무주는 독자적인 사상을 설파하면서도 2의 정중무상에게서 법을 이어받았다고 자칭하였는데, 종밀은 마조도 원래는 정중무상의 제자였다고 기록하고 있습니다. 그런데 그렇게 말한 종밀 자신도 실은 같은 사천 출신으로, 낙양으로 나오면서 사장들에게 배워 재차 하택종의 법손이라 자칭하게 되었던 것입니다.

그냥 한가로울 따름

무주의 언행은 돈황에서 출토된 『역대법보기歷代法寶記』에 남아

있습니다. 그 책은 무주의 설을 기록하기에 앞서 신회에 대해 1장을
할애하였습니다.

> 낙양 하택사의 신회화상은 매월 수계회를 열어 설법을 하였는데,
> 거기서 청정淸淨을 구하는 선을 비판하고 여래선如來禪을 제창하
> 였다. 그 설은 '지견知見'을 세우고 설법을 하는 것을 계戒·정定·
> 혜慧로 간주하는 것으로, "이야기를 하고 있을 때가 바로 계, 이야
> 기를 하고 있을 때가 바로 정, 이야기를 하고 있을 때가 바로 혜"
> 라고 하였다. 그리고 '무념無念'을 설하고 '견성見性'을 설하였다.(柳
> 田聖山, 『初期の禪史』Ⅰ, 禪語錄3)

확실히 신회는 본래성이 무분절이라는 것을 '무념'이라 불렀습니
다. 그리고 그 '무념'인 본래성이 스스로의 무분절을 항상 자각하는
것을 '정혜등'이라 불렀으며, 지금 이렇게 말하고 있을 때에도 늘 '정
혜등'(본래성의 '지·견'의 자각)은 살아 있는 것이라고 말했습니다. 여기
서는 그러한 신회의 입장을 조술하면서도 말한다고 하는 현실태의
삶 그 자체를 그대로 '계·정·혜'와 등치시키고 있습니다. 무주에게
'무념'이란 의식의 문제가 아니라 살아 있는 인간으로서의 일상적인
삶의 문제였습니다. '무념'은 이미 자각하는 것이 아니라 몸을 가지
고 살아가는 것이었습니다.

그렇다면 '무념'을 산다는 것은 어떻게 사는 것일까요? 함께 생

활하던 승려들이 매일 여섯 번 예불을 행하는 '육시예참六時禮懺'이라는 행법을 어김없이 행하고 싶다고 했을 때 무주는 이렇게 나무랐습니다.

"이곳은 먹을 것도 없고 사람이 걸어서 물건을 날라 와야 하는 산 속으로, 여법如法의 수행 따위가 가능할 리 없다. 그런 광기를 흉내 내는 것은 모두 불법이 아니다.…… '무념'이면 부처가 보이고 '유념'이면 윤회할 뿐이다. 부처에게 예불을 하고 싶으면 산을 내려가라. 산기슭에는 훌륭한 절이 몇 개나 있다. 나가는 데 사양할 필요는 없다. 만약 내 곁에 있고 싶으면 오직 '무념'이어야 한다. 그것이 가능하면 여기에 있어도 좋지만 가능하지 않으면 내려가라."

이런 말을 듣고 산을 내려간 승려는 산기슭의 정중사에 들러 호소했습니다. "산속 무주선사는 예배도 참회도 염불도 허락하지 않고, 그냥(只沒) 한가롭게 앉아 있을 뿐입니다." 그 말을 들은 사승은 "그런 것이 어찌 불법일 수 있겠는가!"라고 기겁하였지만, 정중무상선사만은 무주의 진의를 깊이 이해하고 그 입장을 변호하였습니다. 나도 스승 곁에 있을 때에는 아무것도 하지 않고 그냥 멍하니(茫) 있을 뿐이었다고. '지몰只沒'은 '그냥'이라는 뜻의 구어입니다.

오직 '무념'으로 있는 것, 그것은 무분절인 채로 있는 것을 철저하게 실천하는 것입니다. 구체적으로는 정해진 수행이나 의례를 모두 방기하고 의미를 부여하거나 가치를 부여하는 것을 거부한 채

다만 멍하니 있는 것, 그것이 무주의 '무념'이었습니다. 무주 자신은 '그냥 멍하니 있을 뿐'이라는 표현보다 '그냥 한가할(閑) 뿐'이라는 표현을 더 좋아한 것 같습니다만, 기본적인 의미에는 차이가 없습니다. '망茫'도 '한閑'도 어떤 의의나 목적을 부여하지 않고 무한정·무분절인 채로 있는 것, 말하자면 렌즈처럼 개개의 대상에 초점을 맞추는 것이 아니라 거울처럼 어디에도 초점을 맞추지 않고 있는 것, 그런 심신 상태를 말하는 것 같습니다.(閑은 중국어에서는 마땅히 그러해야 할 의의가 부여되지 않은 것, 閑語는 주제에서 벗어난 쓸모없는 말, 閑人은 한가한 사람이 아니라 직업을 갖지 않는 게으름뱅이 혹은 그 장소와 관계없는 외부자를 가리키는 말입니다. 중국에서 자주 보이는 閑人免進이라는 표시는 한가한 사람은 들어가서는 안 된다는 뜻이 아니라 관계자 외에는 출입을 금한다는 뜻입니다.)

일체가 활발발

단, 그렇다고 해서 무주가 살아 있는 시체처럼 되라고 한 것은 아닙니다. 망연자실하여 완전히 기력을 상실한 상태가 아니라 항상 생생하게 약동하는, 그것이 무주가 말하는 '무념'의 모습이었습니다. '그냥 한가할 뿐'이며 그렇기 때문에 '활발발하여, 일체시중一切時中이 모두 선'이라고 무주는 거듭 말했습니다. '활발발活鱍鱍'이란 싱싱한

물고기가 펄쩍펄쩍 뛰어오르는 모습을 표현한 의태어로, 펄쩍펄쩍 약동하며 언제 어떤 상황에서도 선이 아닌 때가 없다는 것이 무주의 지론이었습니다.

도에는 닦아야 할 자형姿形이 없고, 법에는 깨달아야 할 자형이 없다. 그냥 '한가'할 뿐이어서, 과거도 생각하지 않고 내일도 생각하지 않는다. 활발발하여 일체시중 모두가 선인 것이다.

관념을 만드는 것, 분별하는 것, 그것은 모두 미혹됨이다. 그냥 '한가'할 뿐이니 마음을 가라앉히지도 말고 들뜨게 하지도 말며, 흐르는 일도 없고 구르는 일도 없으며, 활발발하여 일체시중 모두가 선이다.

내 선은 마음이 가라앉지도 들뜨지도 않으며, 흐르지도 쏟아붓지도 않는다. 그렇게 하므로 실제적인 작용이 있다. 그 작용에는 동과 정의 구별이 없고, 더러움과 깨끗함의 구별도 없으며, 옳고 그름의 구별도 없다. 활발발하여 일체시중 모두가 선인 것이다.

'활발발하여, 일체시중 모두가 선이다', 그것은 이미 본래성과의 관계를 운운할 필요도 없는, 살아 있는 현실태만의 선이라 할 수 있겠지요. 단, '그냥 한가'할 뿐이라는 것이 왜 일전하여 '활발발하여,

일체시중 모두가 선'이 되는 것인지에 대한 설명은 일절 없습니다. 아마도 무한정·무분별인 채로 있기 때문에 언제 어떤 상황에 처해서도 활발발하고 생생하게 행동할 수 있다, 즉 어디에도 초점을 맞추지 않는 거울이기 때문에 무엇이든 매 순간 선명하게 비출 수 있으며 더구나 흔적도 남기지 않는다, 그것은 무주에게는 이치를 따질 필요가 없는 자명한 사실이었을 것입니다. 위의 한 구절에 앞서 무주는 설명을 대신하여 다음과 같은 예화를 말하였습니다.

내가 한 가지 예를 들어보겠다.
어떤 사람이 좀 높은 언덕에 서 있었다. 거기로 세 사람이 지나가게 되었는데, 저 멀리 사람이 서 있는 것을 보고 세 사람은 제각기 말했다.
"저 사람은 가축을 잃어버린 것이야."
"아니, 일행을 놓쳤어."
"아니, 아니, 시원한 바람을 쐬고 있는 것이다."
이렇게 되니 싸움이 되어서 수습이 되지 않았다.
그래서 가까이 다가가 본인에게 물었다.
"가축을 잃었습니까?"
"아니요."
"그럼, 일행을 놓쳤습니까?"
"아니."

"그렇다면 바람의 쐬고 있습니까?"

"틀렸어."

"그 어느 것도 아니라면 이런 높은 곳에 도대체 무엇 때문에 서 있는 것입니까?"

"그냥 서 있다. 음, 그저 서 있을 뿐이다."(『初期の禪史』II, 304쪽)

어떤 의의나 목적도 없이 '그냥'(只沒) 그런 것, '그냥'(只沒) 그렇게 하는 것, 그뿐입니다. 그 때문에 무주의 자세는 "산속 무주선사는 예배도 참회도 염불도 허락하지 않고 그냥 멍하니 한가롭게 앉아 있을 뿐"이라는 비난을 받기도 했지만, 그러나 '무념'으로 있다는 것은 실제로는 모든 것을 '그냥' 하는 것일 수밖에 없습니다. '상相 = 망심妄心'에 의한 분별에서 벗어나 모든 것을 '그냥' 할 때, 모든 행위는 저절로 '활발발'하게 되며, '일체시중이 선'이 되는 것이겠지요.

무주의 법계는 곧 끊어져 후세에는 전혀 계승되지 않았습니다. 그러나 무주가 개척한 이 방향성은 중당 이후, 마조와 그 계통의 선자들에 의해 강력하게 추진되었습니다. 그리고 그러한 사고가 당대 선의 기조를 이루며, 송대에 이르기까지 강한 영향력을 행사했던 것입니다.

마조계의 선과 석두계의 선 ─ 당대선의 양대 주류

안사의 난을 전후하여 일어난 여러 종파 가운데 최종적으로 살
아남아 당대선의 주류를 형성한 것은 홍주종, 즉 마조도일 일문이었
습니다.

제1강 서두에서 보았듯이, 후세 선종의 계보는 육조 혜능의 '남
종'선이 '남악南嶽─마조馬祖'계와 '청원靑原─석두石頭'계로 나누어져
발전한 것으로 정리되었습니다. 그것은 중당 이후 마조선馬祖禪이 점
차 주류를 형성하고, 거기에 대항하여 석두희천石頭希遷 계통이 이른
바 제2의 주류로 흥기하였던 역사적 동향을 후세가 아래에서 위로
거슬러 올라가 평면적으로 재구성한 것입니다.

중당 이후 재편된 그러한 새로운 전승이 그 후 선문의 정규 역사
로 전해졌고, 초당·성당 초기의 선은 20세기 초엽에 돈황문헌이 발
견되기까지 역사의 표면에서 오랫동안 잊혔습니다.

제2강에서는 중당 이후, 주류가 되었던 마조계의 선과 그것에 대항하여 일어난 두 번째 주류, 석두계의 선에 대해 생각해 보겠습니다. 앞서 결론을 말한다면, 마조계의 선이 현실태의 자신이 그대로 본래성의 현현이라 생각한 것에 대해 석두계의 선은 현실태의 자기와는 별개의 차원에서 본래성의 자기를 발견하고자 하였습니다. 있는 그대로의 자기를 그대로 긍정할 것인지, 아니면 있는 그대로를 초월한 데서 본래의 자기를 보려고 할 것인지, 이 두 개의 대립축 사이의 긴장관계가 당대선의 기본적인 구도를 형성하여 갔습니다.

1. 마조의 선

야압자 이야기—들오리는 어디로 갔는가

우선 마조의 제자인 백장회해百丈懷海의 다음 이야기를 보겠습니다. 후세 '마대사야압자馬大師野鴨子'라 칭해지는 유명한 이야기로, 야압자란 들오리를 가리킵니다.

마조가 백장과 함께 걸어가고 있는데 들오리가 날아가는 것이 눈에 띄었다.

마조가 말했다. "뭐지?"

"오리입니다."

"어디로 갔나?"

"날아가 버렸습니다."

그러자 마조는 백장의 코를 비틀었다.

"아악!"

백장은 비명을 질렀다.

마조가 말했다.

"날아간 게 아니잖아."(『碧巖錄』, 제53칙)

선문답의 난해함과 묘미는 중국어라는 말의 성질과 분리될 수 없습니다. 중국어에서는 주어가 없이도 문장이 성립됩니다. 이 점은 일본어도 마찬가지네요. "먹었어?", "아직이야", "자, 갈까?"처럼. 위 문답에서도 마조의 질문에는 세 번 다 주어가 명시되어 있지 않았습니다. "뭐지?", "어디로 갔지?", "날아간 게 아니잖아".

여기서 그대로 '뭐'지, '어디'지, 그렇게 생각하기 시작하면 이미 이 대화의 함정에 빠지게 됩니다. 이 문답의 핵심은 '뭐', '어디'에 대한 대답이 아니라 실은 이 물음에 감추어져 있는 주어에 있습니다.

그러나 백장은 지금 눈에 보이는 오리 이야기라고 생각해 '뭐'인지, '어디'인지를 대답합니다. 그러나 마조의 뜻은 그런 것에 있지 않았습니다. 마조는 백장의 코를 호되게 비틀었습니다. "아악!" 주저하지 않고 비명을 지르는 백장. 거기서 마조는 시치미를 떼며 말합니다. "날아간 게 아니잖아." 내가 질문한 당사자는 여기에 이렇게 잘 있잖아.

숨겨진 주어는 날아간 오리가 아니라 그 오리를 보는 백장 그 사람이었던 것입니다.

즉심시불

그렇다면 처음부터 그렇다고 말해 주었으면 좋았을 것 같습니다. 왜 이처럼 터무니없는 행동을 하기에 이른 것일까요? 그러나 여기에는 마조선의 기본적인 사상과 방법이 유감없이 발휘되어 있습니다.

마조선의 기본적인 생각은 (1) 즉심시불卽心是佛, (2) 작용즉성作用卽性, (3) 평상무사平常無事, 세 가지로 요약될 수 있습니다.

우선 (1)의 '즉심시불'은 스스로의 마음이 곧 부처라는 것으로, 마조 설법을 기록한 대부분이 다음과 같은 말을 머리글에 싣고 있습니다.

마조는 수행승들에게 설법하였다. "그대들은 스스로 확신하라. 자신의 마음이 곧 부처라고. 이 마음이야말로 부처에 다름 아니

라고. 달마대사는 저 멀리 남천축국에서 중화로 와 상승일심법上
乘一心法을 전하여 그대들에게 그것을 깨우쳐 주려고 하였던 것이
다."(『馬祖語錄』)

"자신의 마음이 곧 부처다, 이 마음이야말로 참으로 부처이다",
그것을 일반적인 이념으로서가 아니라 각자 자기 것으로서 확신하
라고 한 것입니다. 이 생각을 한마디로 집약한 것이 '즉심시불'(이 마
음이야말로 부처이다)이라는 성어입니다.(卽心卽佛이라고도 합니다.) 예
컨대 법상法常이라는 제자가 마조를 배알했을 때의 이야기는 다음과
같습니다.

법상이 물었다. "부처란 무엇입니까?"
마조가 대답했다. "즉심시불."
법상은 그 한마디로 곧바로 깨달았으며, 그 후 대매산 주지가 되
었다.
소문을 들은 마조는 승려를 보내 그 경지를 실험하게 하였다.
승려가 물었다. "화상께서는 마조화상에게서 무엇을 얻어 이 산
의 주지가 되었습니까?"
법상이 대답했다. "마조는 내게 '즉심시불'이라 말씀하셨다. 그것
으로 나는 이곳 주지가 되었다."
"그러나 마대사는 최근 다른 가르침을 설파하고 계십니다."

"어떻게 다른가?"

"최근에는 '비심비불非心非佛'(진실한 것은 심도 아니고 법도 아니다)이라고 말씀하십니다."

그 말을 듣고 법상이 말하기를, "이 영감탱이, 언제까지 사람을 헷갈리게 해야 만족할까? 그쪽이 '비심비불'이든 아니든 나는 어쨌든 '즉심즉불'이다" 하였다.

승려가 돌아가 마조에게 들은 대로 전하였다. 마조가 말했다.

"음, 매실이 익었다!"(『馬祖語錄』)

'즉심시불'은 마조에게 받은 정답이 아니라 법상 자신이 몸소 살아 있는 사실로서 납득한 것입니다. 그러므로 마조의 가르침이 변했다고 하여도 법상에게는 어떤 동요도 없었습니다. 마조가 어떻게 말했든 내 알 바가 아니다. 내게는 오직 '즉심시불' 그것 하나뿐이다. 법상은 그렇게 말하기를 주저하지 않았던 것입니다.

"마조 문하에서 88인의 선지식이 나왔다"(『景德傳燈錄』, 雲居章)라고 일컬어지듯이, 마조 문하에서는 뛰어난 선사들이 많이 배출되었습니다. 그 가운데 한 명인 대주혜해大珠慧海에 관해서는 이런 문답이 전해집니다.

행자行者가 물었다. "'즉심시불'이라 하였습니다만, 어떤 마음이 '부처'입니까?"

대주가 말했다. "어떤 마음이 '부처'가 아니라 의심되는가? 자, 그것을 한번 가리켜 보라."

"……."

대주가 말했다. "깨달으면 모든 곳이 그것(부처)이고, 깨닫지 못하면 영원히 그것(부처)과 멀어진다."(『祖堂集』, 권14, 大珠慧海章)

'즉심시불'이라 해도 '부처'와 같은 성스러운 본질이 마음 어딘가에 감추어져 있다는 것은 아닙니다. 미혹된 마음을 걷어 내고 깨달음의 마음을 드러내는 것도 아닙니다. 내 마음, 그것이야말로 '부처'라는 것, 그 사실을 깨닫게 되면 어디든 부처가 아닌 것이 없습니다.

여기로부터 현실태인 살아 있는 자기의 작용은 모두 그대로 '부처'로서의 본래성이 드러난 것에 불과하다는 생각이 자연스럽게 나타나게 되겠지요. 그런 생각을 오늘날 선 연구에서는 '작용즉성'설이라고 통칭하고 있습니다.

작용즉성

마조는 말합니다.

지금 현재 이렇게 '말하고' 있는 것이 네 '마음'일 뿐이다. 이것이야말로 '부처'라 하며, '실상법신불實相法身佛'이라 하며, '도道'라 하는 것이다.…… 지금 현재 '보고 듣고 깨닫고 아는'(見聞覺知) 것이 원래 네 '본성'이며 '본심'이다. 이것을 벗어나 별도로 '부처'가 있는 것이 아니다.…… 네 자신의 이 '심성'이야말로 원래 '부처'이므로 그 밖에 따로 '부처'를 구해서는 안 된다.(『宗鏡錄』, 권14, 『馬祖語錄』)

또 이렇게도 말했습니다.

일체중생은 무한한 과거로부터 '법성삼매法性三昧'를 벗어나는 일이 없이 항상 '법성삼매' 안에서 옷을 입고 음식을 먹으며 말을 하고 사람을 접대(著衣喫飯, 言談祗對)했다. 이처럼 육근의 작용, 일체의 영위는 모두 법성이 아닌 것이 없다.(『馬祖語錄』)

'말하고' '보고 듣고 느끼고 알며'(見聞覺知) '옷을 입고 음식을 먹고'(著衣喫飯) '말하고 접대하는'(言談祗對), 그러한 일상의 감각이나 동작, 행위가 모두 그대로 '부처'로서의 본래성(佛, 道, 本性, 本心, 心性)이 발현된 것이라는 뜻입니다.

이러한 생각은 "활발발하여, 일체시중 모두가 선이다"라고 한 보당무주의 선과 흡사합니다. 그러나 마조선의 독자성은 이 생각에 멈추지 않습니다. 마조나 그 문하는 더 나아가 그것을 깨닫게 하는 실천적인 방법을 갖추었다는 점에서 독자성이 있습니다. '즉심시불'을 이론이나 교설에 그치지 않고, 실제로 일상적인 삶 속에서 살아가는 수행자 한 사람 한 사람이 몸소 실감하고 체득하게 하는 것, 거기에 마조선의 특징이 있습니다.

예를 들면 마조의 제자인 분주무업汾州無業을 깨닫게 한 인연이 다음과 같이 전해지고 있습니다. 이때 무업은 뛰어난 교리학자로서 일가를 이루고 있었습니다.

마조의 선문이 번성한다는 이야기를 듣고 분주무업이 찾아갔다. 마조는 그 뛰어난 용모와 종소리 같이 우렁찬 목소리를 꼬집어서 말했다. "당당한 불전이나 그 속에 부처가 없구나."
무업이 말했다. "삼승三乘의 학문은 이미 다 궁구하였습니다. 그러나 선문에서 말하는 '즉심시불', 그 뜻을 아직 모르겠습니다."
"'모른다'라는 그 마음이 그것이지. 그 밖에 달리 무엇이 있는 것이 아니다."
"그렇다면 조사가 서쪽에서 와서 은밀히 전한 것은 무엇입니까?"
"너도 정말 성가시구나. 우선 갔다가 다시 오는 게 좋겠다."
무업이 밖으로 막 한 걸음을 뗀 그 찰나, 마조가 느닷없이 소리를 질렀다.
"대덕大德!"
무업이 고개를 돌려 뒤돌아보자 마조가 틈을 보이지 않고 바로 물었다.
"뭔가?"
무업은 갑자기 깨닫고 절하였다.

마조가 말했다. "아둔한 녀석이 이제야 절을 해서 뭘 하겠나?"(『景德傳燈錄』, 권8, 汾州無業章)

경론에 관한 학식으로는 남에게 뒤처지지 않는 무업이었습니다. 그러나 선문에서 말하는 '즉심시불', 그것에 관해서는 여전히 알지 못한다고 고백합니다. 마조는 분명하게 말했습니다. "모른다고 하는 그 마음, 그것이 곧 부처인 것이다."

"'즉심시불'이라 해서 부처와 등치되는 특별한 마음이 어딘가에 있는 것이 아니다. 모른다면 모른다고 하는 그 마음, 지금 내게 물음을 던진 그 살아 있는 마음, 그것이 그대로 부처인 것이다. 그것 이외에는 아무것도 아니다." 마조는 숨기지 않고 그렇게 명언했습니다.

그러나 교리학적인 이해나 논증을 기대한 무업은 아직 납득이 가지 않았습니다. 다시 질문을 하려는 무업을 마조는 자못 성가신 듯 쫓아냅니다.

무업은 어쩔 수 없이 문에서 나오려고 합니다. 그러자 뒤에서 갑자기 마조가 부릅니다.

"대덕이여!"

생각 없이 뒤돌아보는 무업. 거기에 마조는 틈을 주지 않고,

"뭔가?"

"지금 돌아보고 있는 것은 무엇인가? 부르면 생각 없이 뒤돌아보

는 그 살아 있는 작용. 그것이야말로 그대가 묻고 있는 바로 그것이 아닌가?" "뭐라, '즉심시불'이 이런 것이었는가?……" 무업은 거기서 바로 깨닫고 마조에게 깊은 감사의 예를 표하였습니다.

"이 우둔한 녀석이 인사라니. 처음부터 숨기지 않고 말해 주었는데 이제야 알아차렸는가." 입으로는 그렇게 말했지만 마조의 기분은 나쁘지 않았을 것입니다.

자연스럽게 작용하는 심신의 반응을 그 자리에서 파악하여 '즉심시불'이라는 살아 있는 사실을 몸소 깨닫게 하는 이러한 문답은 그 밖에도 일일이 열거할 수 없을 만큼 많습니다. 때리기도 하고 차기도 하고 꼬집기도 하여 그 순간적인 통각으로 깨닫게 하는 것도 그런 방법의 일종이었습니다.

승려가 말했다. "조사가 서쪽에서 온 까닭은 무엇일까요?"
마조는 곧바로 승려를 때리고 나서 느긋하게 말했다.
"여기서 너를 때리지 않으면 내가 여러 스승들에게 비웃음을 살 게야."

앞서 무업의 질문에도 '조사서래祖師西來'(조사가 서쪽에서 온다)라는 말이 보였습니다. 조사 달마가 서쪽에 있는 천축국에서 '동토'로 와 처음으로 선이 전해졌다고 합니다. 그러므로 조사 달마가 서쪽에서 온 의미(祖師西來意)를 묻는 것은 즉 선의 제일의第一義를 묻는 것입니다.

선서에는 이 '조사서래의'(줄여서 '祖師意', '西來意'라고도 함)를 묻는 문답이 무수히 많이 남아 있으며, 답도 천차만별입니다. 그러나 얼핏 보면 천차만별이지만 실은 거기에 공통된 답이 숨겨져 있습니다. 그것은 마조 설법의 첫 부분에 나와 있던 바로 그 말입니다.

그대들은 스스로 확신하라. 그대 마음이 부처라는 것을. 그 마음이야말로 다름 아닌 부처라는 것을. 달마대사는 남천국에서 멀리 중화로 와 상승일심법을 전하여 그대들에게 그것을 깨우쳐 주려 하였다.

단순화하면 조사 달마는 '즉심시불' 오직 그 하나를 깨우쳐 주기 위해 서쪽에서 온 것이었습니다. 그러나 위의 문답에서 승려는 그 사실을 알지 못했습니다. '조사서래의'를 어딘가 멀리 있는 비전祕傳이라 생각하고 그것을 마조에게 비밀리에 전수받으려 했던 것입니다. 그래서 마조는 그 물음이 채 끝나기도 전에 한 대 때린 다음 태평스럽게 말했습니다. "여기서 너를 때리지 않았다면 내가 여러 선사들에게 비웃음을 샀을 게야."

질문을 한 것만으로 갑자기 때리다니……. 지금 학교 교사가 그런 짓을 하면 큰일이 나겠지요. 그러나 여기에는 마조의 노파심에서 나온 절실함이 담겨 있습니다. '조사서래의'란 '즉심시불'이라는 내 몸의 살아 있는 사실이라는 것, 그것을 이 한 대로 똑똑히 깨우쳐라, 마조는 그렇게 가르친 것입니다. "지금 그것을 그 몸에 분명하게 때려서 새겨 두지 않으면 너는 여러 선사들을 찾아다니며 여전히 마치 남의 일인 양 '조사서래의'를 물을 것이다. 그렇게 되면 비웃음을 당하는 것은 네가 아니라 바로 나다."

수로화상水老和尙이라는 승려가 마조를 만났을 때의 인연도 다음과 같았습니다.

> 홍주 수로화상이 처음으로 마조를 만나고 물었다.
> "조사가 서쪽으로 오신 분명한 뜻은 무엇입니까?"
> 마조가 말했다. "절하라."
> 수로가 절을 하니 마조가 갑자기 걷어차 버렸다.
> 그러자 수로는 크게 깨닫고 일어나면서 손뼉을 치며 크게 웃었다.
> "훌륭하다! 훌륭해! 백천百千의 삼매三昧도, 한량없는 법문도, 단지 한 올 털끝에서 그 근원을 파악했구나."
> 그러고 나서 수로는 절하고 그대로 나가 버렸다.
> 훗날, 수로는 자신의 문인에게 이렇게 말했다.
> "마조대사에게 한번 차이고부터 오늘에 이르기까지 웃음이 멈추지를 않는구나."(『馬祖語錄』)

마조와 백장의 '들오리 문답'도 실은 이것과 같은 취지였습니다. "오리가 날아가면 오리가 보이고, 코를 비틀면 죽을 만큼 아프다. 그런 살아 있는 작용을 가진 내 몸을 말 그대로 '통감'하는 것이 좋다", 그것이 마조의 가르침이었습니다.

평상무사

마조는 이렇게도 말했습니다.

도라는 것은 노력해서 닦는 것이 아니다. 물들지 않는 것, 오직 그것뿐이다. 그렇다면 '물들음'이란 무엇인가? 생사에 사로잡히는 마음, 도를 닦고자 하는 작위, 혹은 도를 추구하는 목적의식, 그 일체가 '물들음'이다. 만약 그 도를 당장 깨닫고자 한다면, 평소의 지극히 당연한 마음(平常心), 그것이 그대로 도인 것이다. 그렇다면 '평상심'이란 무엇인가? 조작이 없고, 시비를 가리지 않으며, 취사取捨하지 않고, 단상斷常하지 않으며, 범성凡聖의 대립이 없는 것이다. 그러므로 『유마경』 「불사의품不思議品」에도 "범부의 행동도 아니고 성현의 행동도 아닌 것이 보살행이다"라고 했다. 지금 하고 있는 일거일동, 만사만물에 대응하는 것(行住坐臥, 應機接物), 그 모든 것이 그대로 도이니, 그 도가 바로 법성이다. 더 나아가서는 무수무한의 오묘한 작용도 모두 이 법계를 벗어나지 않으니, 그렇지 않다면 '심지법문心地法門'도 '무진등無盡燈'도 있었던 것이 아니다.(『馬祖語錄』)

'평상심이 곧 도'라는 것은 '즉심시불'이라는 것과 같은 뜻입니다. 인위적인 노력을 하지 않고, 시비나 범성의 구분도 없는, 평소의 있는 그대로의 마음(평상심), 그것이 그대로 '도'라는 것입니다. 그러므로 일상의 모든 동작·영위(行住坐臥, 應機接物)는 모두 그대로 '도'이며 '법계'라고 거듭 말하였던 것입니다.

이것이 앞에서 본 마조의 말과 같은 뜻임은 분명합니다. 말하기를, "항상 '법성삼매' 가운데서, 옷 입고, 밥 먹고, 말하고, 사람을 만나라"고.(『馬祖語錄』)

요컨대 이 단락도 지금까지 보았던 '즉심시불' = '작용즉성'이라는 취지를 말한 것입니다만, 여기서는 거기에 덧붙여 '도는 닦을 수 있는 것이 아니'며, 오히려 인위적·목적적 수행으로 그것을 더럽혀서는 안 된다고 하는 점이 눈길을 끕니다.

이 '평상'이라는 것을 마조 문하에서는 '무사'라는 말로도 표현하게 됩니다. 이것저것 쓸데없는 짓을 하지 않는, 있는 그대로 있으려는 것입니다. 예컨대 백장의 제자, 따라서 마조의 재전제자에 해당하는 황벽희운黃蘗希運은 이렇게 말합니다. "도인이란 무사의 사람을 말한다. 실로 이런저런 마음도 없고, 설파할 도리도 없다."(入矢義高,

『傳心法要·宛陵錄』, 筑摩書房, 禪の語錄8)

황벽의 제자, 임제의현臨濟義玄도 말합니다.

그대들이여. 불법에는 수행할 여지 같은 것은 없다. 다만 '평상무
사平常無事'할 뿐이다. 똥 누고, 오줌 누고, 옷 입고, 밥 먹고, 자고
싶으면 잘 뿐이다. 어리석은 자들은 이런 나를 비웃지만 지혜로
운 사람은 그 마음을 알 것이다. 고인도 말했다. "밖에서 구하고
노력하는 자는 모두 어리석은 자에 불과하다"라고. 그대들은 우
선 그 장소 장소마다 주인공主人公(主人翁)이 되어라. 그러면 내가
있는 곳이 모두 진실한 곳이 될 것이다.(『臨濟錄』)

참불법은 내 밖에서 '부처'를 구하려는 인위적인 노력·수련과는
관련이 없다고, 임제는 그렇게 단언했습니다. 그런 것을 배제하고
본래 있는 그대로의 '평상무사'로 있는 것을 임제는 그 장소 장소마
다 주체가 되는 것(隨處에 主가 되다)이라고 한 것입니다. 임제는 다른
곳에서 "내 견해에 따르면 아무런 일도 없다. 다만 평상으로 옷을
입고 밥을 먹으며 일없이(無事) 시간을 보내는 것이다"라고 했습니
다.(『臨濟錄』)

이상 마조선의 기본적인 생각을 (1) 즉심시불, (2) 작용즉성, (3)
평상무사, 세 가지로 정리해 보았습니다. 그러나 이상 인용문과 용
어가 서로 중복되듯이, 이것은 실제로는 한 가지 입니다. 즉 자기

마음이 부처이므로 살아 있는 자신의 감각, 동작은 그대로 불작불행
佛作佛行에 다름 아니다, 따라서 그 위에 성스러운 가치를 추구하는
것은 그만두고, 다만 '평상무사'로 있는 것이 좋다는 것입니다.

본래성과 현실태를 무매개로 등치시키고, 있는 그대로의 자기를
있는 그대로 시인하는, 그것이 마조선의 기본 정신이라 할 수 있을
것입니다.

2. 석두계의 선

마조선에 대한 비판

이런 사상은 머리로 만들어 낸 관념에 속박되어 있는 사람에게
는 신선한 해방의 힘이 되었을 것입니다. 그러나 이 있는 그대로가
처음부터 주어진 정답이었다고 한다면, 사람들이 너무도 쉽게 스스
로의 타락된 안일한 현실긍정으로 흘러가 버릴 수 있다는 것은 상상
하기 어렵지 않습니다. 그 때문에 마조의 제자들 사이에서도 이러한
생각에 대한 위화감이나 회의, 또는 비판이나 초극의 자세가 나타나
게 됩니다.

앞서 마조와 백장의 오리 이야기는 오대시대에 편찬된 『조당집

『祖堂集』권15, 오설영묵장五洩靈黙章에 처음으로 등장합니다. 좀 긴 이야기이므로 세 단락으로 나누어 보겠습니다.

(1) 어느 날, 마조가 사람들을 데리고 서쪽 성벽 근처를 산책하고 있었는데, 갑자기 들오리가 날아갔다.
마조가 말했다. "뭐지?"
백장유정百丈惟政이 대답했다. "오리입니다."
"어디로 갔나?"
"날아가 버렸습니다."
마조는 갑자기 유정의 귀를 잡아 비틀었다.
"아악!"
유정은 무심결에 소리쳤다.
마조가 말했다. "아직 여기에 있네. 날아간 게 아니잖아."
유정은 확연히 깨달았다.

여기서는 마조의 상대가 백장회해가 아니라 백장유정으로 되어 있습니다. 또 마조가 사정없이 꼬집은 것도 코가 아니라 귀입니다. 그러나 그런 세세한 차이를 제외하면 이야기의 취지는 앞에서 본 것과 다름이 없습니다. 격렬한 통증이라는 감각(見聞覺知의 작용)을 통해 살아 있는 자기를 자각하는, 그런 마조선의 사상과 수법이 그대로 드러나 있습니다.

문제는 이 이야기가 유정이 대오한 경사스러운 일로 백장유정장에 수록되어 있는 것이 아니라, 같은 마조 문하에 있었던 오설영묵이 스승과 결별하게 되는 인연으로 오설장에 실려 있다는 것입니다. 『조당집』의 기술은 또 다음과 같이 계속됩니다.

(2) 이 한 가지 사건으로 꺼림칙한 기분이 든 오설은 곧바로 마조에게 말했다. "저는 과거공부를 포기하고 대사 문하에 몸을 던져 출가했습니다. 그런데도 아직까지 어느 하나 마음을 움직이는 일이 없었습니다. 앞서 유정에게는 그렇게 깨달음을 주셨으니 부디 스승이여, 자비로운 마음으로 저에게도 가르침을 주십시오."
마조가 말했다. "출가 스승으로는 내가 괜찮았지만 개오의 스승으로는 다른 사람이 좋을 것 같다. 너는 내 곁에 아무리 있어도 안 된다."
"그렇다면 부디 마땅한 스승을 가르쳐 주십시오."
"여기서 700리 앞 남악에 석두라 불리는 선사가 있다. 거기에 가면 반드시 그런 기연이 있을 것이다."
이리하여 오설은 즉시 스승 곁을 떠났다.

백장유정이 오리를 인연으로 깨달은 것을 보고 오설은 찬탄하지도 않았고 부러워하지도 않았으며 호기무好氣無, 어쩐지 불쾌해졌습니다. '작용즉성'의 선을 보고 강한 위화감을 느낀 것입니다. 오설은 그 기분을 솔직하게 말했고, 그 말을 들은 마조는 오설에게 석두 문하로 가도록 권했습니다.

석두는 마조와 같은 시기의 고명한 선사 석두희천石頭希遷으로, 당시 남악에 있으면서 마조선과는 성질이 다른 선을 설파하고 있었습니다. 마조의 '작용즉성'에 불쾌감을 느낀 오설은 즉시 마조의 곁을 떠나 아마도 절박한 모습으로 석두에게 갔습니다.

(3) 오설은 석두를 보자 말했다. "한마디 말로 서로 맞으면 여기에 머물겠지만 그렇지 않으면 바로 떠나겠습니다."

그리고 신을 신은 채, 손에 방석을 들고 법당으로 올라가 예배를 하고 대충 인사를 마친 다음 석두 곁에 섰다.

석두가 말했다. "어디서 왔는가?"

오설은 대답했다.

"강서의 마대사에게서 왔습니다."

"그렇다면 계율은 어디서 받았는가?"

오설은 아무 말 없이 소맷자락을 떨치며 돌아섰다.

오설이 법당 문을 막 나서려는 순간 석두가 갑자기 고함을 질렀다.

"이놈!"

그때 오설의 다리는 한쪽은 문안, 한쪽은 문밖에 있었다. 무심코 되돌아보니 석두는 그쪽을 향해 손으로 무엇인가를 베려는 듯 손바닥을 세워 보였다.

"태어나서 죽을 때까지 오직 이 사내일 따름이다. 그런데도 그렇

게 머뭇거리고 있으면 어쩌는가?'

오설은 순간 크게 깨달아 그대로 수년간 석두를 섬겼고 마침내 오설화상이라 불리게 되었다.

행각에서 돌아온 수도승에게 노사는 자주 이름이나 출신지, 수행력을 물었습니다. 거기에는 본인의 소질을 확인할 수 있는 상식적인 면접의 의미와 너는 대체 어떤 자인가, 또 지금까지의 수행을 통해 자기라는 것을 어떻게 이해해 왔는가 라는 선적인 의미도 포함되어 있었습니다. 일견 느긋하게 보이는 석두의 질문에도 아마 그러한 의미가 포함되어 있었을 것입니다.(오설이 '무심코' 답했다는 기술은 석두의 물음에는 실은 깊은 의미가 있었다는 것을 역으로 암시하고 있습니다.)

그러나 있는 그대로의 '작용즉성'적 선을 수용할 수 없어서, 막다른 골목에 몰린 기분으로 마조에게 등을 돌리고 온 오설에게 석두의 태도는 너무나도 여유롭고 우원한 것으로 보였을 것입니다. 오래 있을 필요가 없다고 생각하여 소매를 뿌리치고 떠나려 했습니다.

그런데 문을 나오려고 하는 순간, 석두가 뒤에서 갑자기 소리쳤습니다.

"이놈!"

무심결에 뒤돌아본 오설. 그러자 석두는 무엇인가를 베려는 듯 손바닥을 세웠습니다. "태어나서 죽을 때까지 오직 이 사내일 따름(只這介漢)이니 그렇게 우물쭈물해서 어쩔 것인가!"

'밖으로 나가려는 순간 갑자기 등 뒤에서 부르는 소리를 듣는다.' 그런 방법은 마조와 같습니다. 또 "오직 이 사내일 따름"이라는 말투도 원래는 마조계의 선자들이 '있는 그대로의 자기의, 있는 그대로의 시인'이라는 생각을 보여 주기 위해 상용한 것입니다.

그러나 여기서 석두가 날카롭게 지적한 것은 한쪽 다리는 문밖, 한쪽 다리는 문안, 이른바 내외를 나누는 그 선을 밟고 선 그 찰나 오설의 모습이었습니다. 석두가 손바닥을 펴서 보여 준 손의 측면은 바로 이 선을 가리키는 것이었습니다.

조주대전潮州大顚이라는 승려가 문안차 왔을 때, '말하는 사람'이야말로 본래 마음이라는 대전에게, 석두는 "'양미동목揚眉動目'(눈썹이나 눈의 움직임)이 아닌, '마음'을 가지고 오라"고 다그쳐서 대전을 깨닫게 했습니다. '양미동목'은 '양미순목揚眉瞬目'이라고도 하며, '언어言語', '어언語言'이나 '견문각지見聞覺知', '착의끽반著衣喫飯' 등과 함께 마조선에서 '작용'을 가리키는 상용적인 표현입니다. '작용 = 본심'이라는 마조선의 입장을 충실하게 제시한 대전은 그러한 '작용'을 떠나 그것과는 별개의 차원에서 '본심'을 파악하라는 말을 듣고 깨달았으며 석두의 법을 이은 것입니다.(『景德傳燈錄』, 권14, 大顚章)

위의 석두와 오설의 이야기에도 같은 뜻이 담겨 있습니다. "불러서 뒤돌아보는 작용, 그것이 그대로 자기인 것은 아니다. 살아 있는 자기와 함께 있으면서 그러나 살아 있는 몸의 '작용'과는 차원이 다른 본래의 자기, 그것을 알아차리라"고 석두는 말한 것입니다.

있는 그대로의 현실태로서의 자기와 그것을 넘어선 본래성의 자기, 그 경계선 위에 있으면서 그 어느 쪽이기도 하며 또 그 어느 쪽이 아니기도 한 자기. 그것은 백장유정이 오리를 보고 깨달은 자기와는 대차적인 것이며, 마조가 아니라 석두 문하에서만 얻을 수 있는 것이었습니다. 그랬기 때문에 오설은 오리 한 사건을 보고 불쾌감을 느꼈으며, 깨달은 다음에는 마조 곁으로 돌아가지 않고 석두 곁에 머물렀던 것입니다.

앞에서 소개한 '즉심시불' = '작용즉성' = '평상무사'라는 마조식의 있는 그대로의 선, 오설은 그것에 강한 거부감을 느낀 것입니다만, 그러한 회의나 비판을 품었던 마조의 제자가 오설 하나만은 아니었습니다. 그랬기 때문에 마침내 마조가 '비심비불非心非佛', '불시심不是心, 불시불不是佛, 불시물不是物'이라 설파하기 시작했다는 새로운 전설이 생겨났으며, 마조에 관한 이야기 속에 편입되었습니다. 앞에서 보았던 대매법상大梅法常의 '즉심시불'과 '비심비불'의 이야기 등도 그러한 과정에서 창출된 이야기 가운데 하나였을 것이라 생각됩니다.

부즉불리의 아我와 거渠

그런 사상적 흐름을 배경으로 뒤이어 일어난 석두계 일파에서는 마조선 식의 있는 그대로의 자기와는 별개 차원의, 본래성의 자기를 탐구하기 시작했습니다. 석두계 선자들은 그것을 종종 '거渠', '타他', '이伊' 등의 3인칭 대명사로 가리키거나 '주인공' 또는 '한 사람'(一人)이라는 이름으로 부르게 됩니다.

석두石頭-약산藥山-운암雲巖-동산洞山으로 이어진 계통은 후세 조동종曹洞宗으로 발전해 갔습니다. 동산은 강을 건너다가 물 위에 비친 자신의 모습을 보고 깨달음을 얻었으며, 다음과 같은 노래를 불렀다고 전해집니다. 스승 운암이 남긴 깊은 뜻을, 스승의 상을 마치고 길을 나서던 도중에 마침내 깨우쳤다는 이야기입니다만, 운암선사의 마지막 가르침도 "오직 이대로의 사내"라는 것이었습니다.(『祖堂集』, 권5, 雲巖曇晟章)

'그'에게서 (불도를) 찾으려 하지 말라	切己隨他覓
'나'와는 점점 멀어질 뿐이니.	迢迢與我疎
'나'는 이제 홀로 가지만	我今獨自往
홀로 가는 곳곳에서 '그'를 만나리라.	處處得逢渠
'그'는 지금 바로 '나'이지만	渠今正是我
그러나 '나'는 지금 '그'가 아니라네.	我今不是渠

모름지기 이렇게 깨달아야만   應須與摩會

비로소 여여에 계합하리라.   方得契如如

이 노래는 후세 '과수過水의 게偈', 개울을 건널 때의 노래라 불리었습니다. 걸어가는 자기와 물에 비친 자기, 그 이중의 자기를 보면서 동산은 선사 운암의 뜻을 깨우쳤습니다. 현상태의 '아我'와 본래성의 '거渠', 그 둘이면서 하나, 하나이면서 둘이라는 부즉불리不卽不離의 관계 위에 있는 자기야말로 운암이 말한 '오직 이 사내'였다고. 그것은 예전에 석두가 오설에게 보여 준 '오직 이 사내'이기도 했습니다.

이 언덕을 떠났으나 아직 저 언덕에 도달하지 못했을 때

개울을 건너가고 있었으니 차안此岸을 떠났지만 피안彼岸에는 아직 도착하지 않았다는 것은 말할 것도 없이 당연한 일입니다. 그러나 『조당집』에만 보이는 이 구절은 단순한 위치관계의 설명이 아닙니다. '저 언덕'은 물론 불교어 '피안'이며, 따라서 '이 언덕'은 '차안'을 함의합니다. 현실태인 차안의 세계와 본래성인 피안의 세계, 그 어디에도 속하지 못한 이 중간은 이것 또한 오설이 서 있던 '한쪽 다리는 밖에 있고 한쪽 다리는 안에 있다'고 하는 저 한 선과 동일한

위치임을 시사하고 있습니다. 차안과 피안, 미혹됨과 깨달음, 그 영원한 중간이야말로 본래성의 자기와 현실태의 자기가 불일불이의 모습을 드러내는 가장 적합한 장場이었던 것입니다.

스승 운암에게도 다음과 같은 문답이 전해지고 있습니다. 사형제 사이인 도오원지道吾圓智와의 일화입니다.

> 운암이 차를 끓이고 있는데 도오가 물었다.
> "무엇을 하고 있나?"
> "차를 끓이고 있네."
> "누구에게 줄 건가?"
> "한 사람(一人), 차를 마시고 싶어하는 분이 계셔서 말이지."
> "그럼, 왜 그 사람에게 차를 끓이라 하지 않는가?"
> "음, 때마침 내(專甲)가 여기에 있으니까."(『祖堂集』, 권5, 雲巖曇晟)

얼핏 보면 말 그대로 '차에 대한 이야기'일 뿐, 아무것도 아닌 일상의 한 장면입니다. 그러나 여기서 차를 마시려는 '한 사람'(一人)은 실은 운암 자신의 본래성의 자기를 암시합니다. 그 때문에 그 뜻을 살핀 도오도 그렇다면 '그'에게 스스로 끓이게 하는 것이 어떻겠냐고 말합니다. '이伊'는 3인칭 대명사입니다만 동산의 노래에 나온 '거渠'와 마찬가지로 이것도 본래성의 자기를 시사하는 말입니다. 그러나 본래성의 자기는 현실태의 동작·행위의 차원과는 관계가 없습니다. 차를 끓인다는 행위는 현실태의 살아 있는 자기로밖에 할 수 없는 것이기 때문입니다.

그래서 운암은 말했습니다. "음, 때마침 내가 있어서 말이지." 그러나 그렇다고 해서 거기에 두 사람의 운암이 있는 것은 아닙니다. 자신이 끓이고 자신이 마실 따름입니다. 그러나 그 순간조차도 그들은 언제나 본래성의 자기와 현실태의 자기와의 둘이면서 하나, 하나이면서 둘, 즉 '거'는 '아'이지만 '아'는 '거'가 아니라는 부즉불리의 관계를 깊이 파고들고 있었던 것입니다.

운암에게는 또 하나 이런 문답도 전해집니다.

주지인 운암이 비질을 하고 있는 것을 보고 사주寺主(절의 사무원)가 말을 걸었다.
"뭐든 노사 스스로 그렇게 아득바득 일할 필요는 없지 않습니까?"
운암이 말했다. "아니, 마침 한 사람, 아득바득 일하지 않는 사람이 있는 걸."
사주가 말했다. "그렇다면 어디에 그런 두 번째 달이 있습니까?"
거기서 운암은 비질을 멈추고 말했다.
"그렇다면 이것은 몇 번째 달인가?"
사주는 아무 대답도 할 수 없었다.(『祖堂集』, 권5, 雲巖曇晟章)

운암이 말한 '한 사람'(一人)이 가리키는 것은 앞서 차의 문답과 같습니다. 현실태의 '아'가 아무리 쉬지 않고 일하여도 본래성의 '한 사람'은 항상 그것을 넘어서는 차원에 있다. 사주는 말했습니다. 그렇다면 그런 또 하나의 달(第二月)은 어디에 있느냐고. 달이 하나밖에 없듯이 자기도 둘일 수는 없다고 반박한 것입니다.

거기서 운암은 쥐고 있던 빗자루를 세우고 말했습니다. "그렇다면 이것은 몇 번째 달인가?" 이렇게 비질을 멈춘 나는 그렇다면 진짜 달인가, 또 하나의 달인가? 아득바득 일하지 않는 '한 사람'과 빗자루를 세우는 '나', 양자 사이의 차이는 엄연하게 존재하면서도, 양자는 항상 둘이면서 하나, 하나이면서 둘이라는 부즉불리의 관계에서 파악하지 않으면 안 되는 것이었습니다.

훗날, 일본 중세 조동종의 승려, 게이잔 조킨(瑩山紹瑾)의 제자 가산 조세키(峨山韶碩)가 두 개의 달을 알지 못하면 조동의 선을 이을 수 없다고 말했던 것도 바로 이 점을 지적한 것입니다.(『峨山和尙行狀』)

그러나 일찍이 본래성이 곧 현실태라 주장했던 마조의 선사상에도, 그 내부로부터 비판과 회의의 소리가 나왔던 것처럼, 석두계의 선에도 역시 그 한계를 문제 삼는 사람이 나타났습니다.

동산을 두고 암두전활嚴頭全豁이라는 승려는 "동산은 훌륭한 부처지만 빛이 없다"라고 평하였습니다. 또 예의 '과수의 게'에 대해서도

"그런 것으로는 자기 자신을 구할 수 없다"고 단언하고 이렇게 말했습니다. "만약 큰 가르침을 일으키려 한다면 말 하나 하나가 자기 자신의 가슴에서 우러나와 온천지를 뒤덮을 수 있어야 한다."(모두 『祖堂集』, 권7, 巖頭章) 본래성과 현실태의 현묘심원한 관계에 침잠하는 선은 외부의 현실세계에서 작용하는 능동적인 활기를 잃을 수밖에 없다고 비판한 것입니다.

당말 오대시대가 되면 마조계 선과 석두계 선을 고차적으로 통합하거나 자유자재로 분리하여 쓰는 것이 과제가 됩니다. 임제의 '무위의 진인'도 그러한 과제에 대한 회답 가운데 하나였는데, 다른 말로 '작용즉성'의 '주인공'화라 할 수 있을 것입니다. 있는 그대로의 자기를 시인하는 것과 있는 그대로를 넘어선 자기 탐구, 그 두 개의 축 사이의 대립이나 교착, 융합의 움직임이 이후 선사상사의 기본적인 구도를 형성하게 된 것입니다.

3. 반케이와 손노

반케이의 불생의 불심

이 구도와 관련해서는 다양한 문제와 사례가 있습니다만, 여기서는 그 일례로 훨씬 후세인 일본 에도시대의 이야기를 다루겠습니다. 우선 반케이(盤珪) 선사의 이야기를 보기로 합니다.

반케이는 '불생不生의 불심佛心'이라는 말을 자주 했습니다. '불생'이라는 것은 후천적인, 새롭게 만들어진 것이 아니라 '원래 구비되어 있었던 것'이라는 의미입니다. "부모로부터 물려받은 것은 이 '불생의 불심' 단 한 가지. 그것만 자각하고 있으면 자도 '불심'으로 자고, 일어나도 '불심'으로 일어나며, 걸어도 앉아도 말해도 입을 다물어도, 밥을 먹어도 옷을 입어도 모두 '불심'의 영위일 뿐이다. 그렇다면 평소 스스로가 '살아 있는 부처'가 되려고 노력하거나 수행 중에 조는 것을 때리거나 꾸짖는 것은 엉뚱한 짓에 불과하다. 억지로 '부처'가 되려고 하기보다 '부처'로 있는 쪽이 귀찮지도 않고 도에 가깝다."

반케이는 언제나 그렇게 말했습니다. 당대선 특히 마조선의 원초적 생명을 생생하게 재현한 것이라 할 수 있겠지요. 반케이의 말은 평이하면서도 분명하여 번역해 보아도 원문과 거의 같습니다. 여기서는 가능하다면 소리를 내어 읽어 보세요.

평생 '불생의 불심'을 결정하고 있는 사람은, 자면 불심으로 자고 일어나면 불심으로 일어나며, 가면 불심으로 가고 앉으면 불심으로 앉으며, 서면 불심으로 서고 머물면 불심으로 머물며, 잠들면 불심으로 잠들고 깨면 불심으로 깨며, 말하면 불심으로 말하고 입을 다물면 불심으로 입을 다물며, 밥을 먹으면 불심으로 밥을 먹고 차를 마시면 불심으로 차를 마시며, 옷을 입으면 불심으로 옷을 입고 발을 씻으면 불심으로 발을 씻으며, 일체시중을 항상 불심으로 있으니, 잠시라도 불심으로 있지 않을 때가 없다. 사사물물 인연을 따르고 운에 맡기니 칠통팔달한다.(鈴木大拙,『盤珪禪師語錄』)

모두 부처가 되려고 정진한다. 그래서 잠깐이라도 졸면 꾸짖고 때리지만 그것은 잘못이다. 부처가 되려고 하지 않는 편이 더 낫다. 부모가 아이를 낳을 때 필요 없는 것은 낳지 않으니, 오직 '불생의 불심' 하나만 낳았으므로 항상 그 '불생의 불심'으로 있으면 잠을 자도 불심으로 자고 일어나도 불심으로 일어나며 평생 활불活佛이어서 항상 부처로 있지 않을 때가 없다. 언제나 부처라면 그 밖에 따로 부처라는 것이 있을 리가 없다. 부처가 되려고 하기보다는 부처로 있는 것이 조작도 없고 지름길이다.(鈴木大拙,『盤珪禪師語錄』)

반케이는 또 이렇게도 말했습니다. "모두 누구라도 태어나면서 영명한 '불생의 불심'을 갖추고 있다. 그 '불생의 불심' 하나로 모든 일이 과부족 없이 잘 운영된다. 지금 이렇게 내 설법을 듣고 있는데 까마귀 소리나 참새 소리가 들린다고 하자. 그러면 일부러 들으려고 하지 않아도 까마귀 소리는 까마귀 소리, 참새 소리는 참새 소리로 조금도 어긋남이 없이 들린다. 종소리, 북소리, 남자 소리, 여자 소리, 어른 소리, 어린아이 소리…… 어느 쪽도 혼동되지 않고 제각기 분명하게 구분되어 들린다. 그것은 '불생의 불심'의 영명한 작용에 지나지 않는다. '불생의 불심' 그대로의 사람은 미래영겁未來永劫, '살아 있는 여래'인 것이다."

반케이는 반복해서 그렇게 말했습니다. 여기도 원문 그대로 가능하면 소리를 내어 읽어 주세요.

선사께서 청중에게 말하였습니다. 모든 부모가 낳아 준 것은 불심 하나뿐입니다. 여분의 것은 하나도 없습니다. 그 부모가 낳아 준 불심은 불생으로 지극히 영명한 것입니다. 불생한 불심, 불심은 불생으로 영명한 것이며 불생으로 모든 일이 다 잘 이루어집니다. 그 불생으로 다 잘 이루어진다는 불생의 증거는, 여러분이 모두 이쪽을 보며 내가 하는 말을 듣고 있을 때에도 뒤에서 나는 까마귀 소리, 참새 소리, 각각의 소리가 까마귀 소리, 참새 소리로 틀림없이 구분되어 들리는 것입니다. 그처럼 모든 일체의 것이 불생으로 갖추어져 있습니다. 이것이 불생의 증거입니다. 그 불생으로 영명한 불심을 다하겠다고 결심하고 곧바로 불생의 불심 그대로 있는 사람은 오늘부터 미래영겁의 살아 있는 여래입니다. 오늘부터 불심으로 있기 때문에 내 종을 불심종佛心宗이라 하는 것입니다.

그런데 여러분이 이쪽을 향해 있는 동안에 뒤에서 참새가 우는 소리를 까마귀가 우는 소리와 혼동하지 않고, 종소리를 북소리와 혼동하지 않으며, 남자 목소리를 여자 목소리로 잘못 듣지 않고, 어른 소리를 아이 소리로 혼동하지 않으며, 모두 각각의 소리를 하나도 잘못 듣지 않고 명확하게 구분하여 들을 수 있는 것은 영명한 덕용德用이라 할 수 있을 것입니다. 이것이 즉 불심은 불생으로 영명한 것이라 하는 그 영명한 증거입니다.

반케이는 일상적인 말투로 이야기하는 것이 특징이었습니다. 그 어록은 어디를 들어도 평이하고 약동감이 넘칩니다. 한자 선어는 나오지 않았습니다만, 말하고 있는 것은 예전의 보당선이나 마조선의 자연스러우면서도 유연한 재생이라 할 수 있을 것입니다.

다이세쓰 박사는 반케이의 '그대로'는 단순한 그대로가 아니라 공관空觀적인 절대부정을 거친 '반야즉비般若卽非'의 그대로라고 평하였습니다만, 그것은 반케이의 사상이라기보다 오히려 다이세쓰 박사 자신의 사상이라 해야 할 것입니다.

편견 없이 읽으면 '즉심시불', '작용즉성', '평상무사'라는 것을 옛 중국 선의 조술祖述이 아니라 지금 현재 내 삶의 살아 있는 사실로서 확연하게 실감하고 생생하게 체현하며 그리고 담담하게 말하는 것, 그것이 반케이의 선이라는 느낌을 지울 수가 없습니다.

당나귀 앞과 말 뒤의 사내

그러나 반케이의 이러한 설에 대해 겐로쿠 시기(元祿期) 조동종의 승려, 손노 슈에키(損翁宗益, 1649~1705)는 다음과 같이 비판하였습니다. 법제자(法嗣)인 멘잔 즈이호(面山瑞方)가 필기한 『견문보영기見聞寶永記』라는 책에 보이는 한 단락입니다.

뱌쿠가이(白蓋)라는 노고승이 계셨다. 오주 영덕사의 전 주지였는데 사정이 생겨서 절에서 물러나 봉심원에 임시로 거처하고 있었다. 스스로 말하기로는 젊은 시절 아보시(網干)의 반케이 선사를 뵈었다는 것이다. 어느 날 한 승려가 반케이 선사의 가르침의 요지를 물었다. 뱌쿠가이에 따르면 반케이 선사는 항상 사람들을 이렇게 가르쳤다고 한다. "다만 불생만을 지켜라. 한 사람 한 사람 모두에게 불성이 있지만 망념으로 가려져 있다. 그러므로 망념만 일어나지 않으면 그대로 불성 그 자체인 것이다. 잘 알고 싶으면 들어라. 좌선하고 있을 때 종소리가 들렸다고 치자. 아아, 이것은 종소리구나, 그렇게 생각하는 것은 망념이다. 생각하지 않아도 종소리를 아는 것, 그것이 즉 '본유원성本有圓成의 활불심活佛心'이다. 이런 이유로 다만 불생만 지키면 그것이 내 자신인 것이다."

스승(損翁)은 이 말을 듣고 이렇게 말씀하셨다. "반케이는 참으로 그 정도밖에 되지 않는가! 만약 이대로의 견해라면 여전히 범부의 틀을 벗어나지 못했다. 어떻게 불성·불심을 말하는 데 미칠 수 있겠는가? 왜일까? 생각하지 않고 받아들이는 것을 '수受'라고 한다. 즉 오온의 두 번째에 불과하다. 그러므로 고덕古德(종밀)도 '이런 저런 받아들임(受)을 받아들이지 않는 것이 진정한 받아들임(正受)이다'라고 하였다. 그러한 '수'를 '본유원성의 활불삼'이라 한다면 그것은 수레를 북으로 향하게 하고 남국인 월로 가려는 것과 같다. 그것으로는 이승의 작은 길조차 들어갈 수 없으니 하물며 불조佛祖의 대도大道는 기대할 수조차 없다. 조사가 '호리豪釐라도 차이가 있으면 천지天地만큼이나 현격懸隔해진다'라고 하였는데 이것이야말로 하늘과 땅만큼의 차이이다. 동산조사가 '여전마후驢前馬後의 사내(漢)'이라 하고 장사경잠長沙景岑이 '무량영겁 생사의 근본(識神)을 어리석은 사람은 본래인이라 한다'라고 한 것도 모두 이것을 말한 것이다. 어찌 두려움에 떨지 않을 수 있겠는가! 그러나 반케이가 정말 그렇게 말했는지는 의심스럽다. 아마도 수박겉핥기식으로 남의 학설을 도용한 것에 불과할 것이다."(『續曹洞宗全書』, 제9권, 「法語·歌頌」)

"동산조사가 '여전마후의 사내'라 하였다"라고 한 것은 동산양개洞山良价의 문답에 근거한 것입니다. 동산이 한 승려에게 그대의 '주인공'은 하고 물으니 승려는 주저하지 않고 지금 이렇게 대답하고(祇對) 있는 자가 그것이라고 대답했습니다. 마조선 식의 해답을 이미 몸에 익혔던 것이지요. 그 대답을 들은 동산은 요즈음 사람들은 '여전마후'를 '자기'라고 여기고 있을 뿐이니, 이것이야말로 불법의 침몰이라고 한탄하였다는 이야기입니다.(『景德傳燈錄』, 권15, 洞山章)

'여전마후'는 당나귀, 말 위의 주인공에 대해 그 앞뒤를 따르며 시중을 드는 종자, 하인을 가리키는 것으로, 그것으로부터 본성(體)에 대한 작용(用)을 가리키는 비유가 되었습니다. 생리적인 심신의 작용을 그대로 '자기'로 간주하는 것은 당나귀나 말의 앞뒤를 따르는 하인을 말 위의 '주인공'과 뒤바꾼 것과 같은 전도라고 말하는 것입니다.

장사경잠이 운운云云한 것도 마찬가지 이야기입니다. 마조선을 배운 것으로 생각되는 어느 한 대신이 장사를 찾아와 문답하고 이렇게 말했습니다. "지금 이렇게 응답하는 사람을 제쳐 두고 그 밖에 또 다른 주인공이 존재할 리가 없다." 이 말을 듣고 장사는 아무리 중신이라 하더라도 그것을 황제폐하와 같은 위치에 둘 수는 없을 것이라고 나무라며 다음과 같은 시 한 수를 읊었습니다.(『景德傳燈錄』, 권10, 長沙章)

도를 배우는 사람도 '참'(眞)을 알지 못하니	學道之人不識眞
오직 '식신識神'을 참이라 생각하는구나.	只爲從來認識神
무량겁을 지나오며 나고 죽는 근본이 되었거늘	無始劫來生死本
어리석은 자는 그것을 '본래신本來身'이라 부른다.	痴人喚作本來身

의식의 생리적인 작용에 불과한 '식신', 그것은 윤회의 근저에 있음에도 불구하고 어리석은 사람들은 그것을 본래의 자기라고 생각하여 그 때문에 진실을 놓치고 만다는 취지입니다. 장사는 조주趙州와 마찬가지로 남전南泉의 제자, 즉 마조의 입장에서 말하면 재전제자에 해당합니다만, 이 사람도 늘 '작용즉성'에 회의를 나타내고 있었던 것입니다.

'불생'을 '망념이 생겨나지 않은' 것이라 이해하고, '불심'과 '망념'의 관계를 일찍이 '북종'에서의 햇빛과 떠도는 구름, 거울과 티끌과 같은 이미지로 포착한 것 등, 뱌쿠가이의 전수 방법에는 확실히 단조롭게 통속화된 면이 없지는 않습니다. 그러나 그렇다고 해서 반케이가 말한 것을 심각하게 곡해했다고 할 수는 없겠지요. 그럼에도 손노는 그것을 떠도는 소문(道聽塗說)이 잘못 전해진 것이라 단언하였습니다. 반케이의 설이 그와 같다면 그것은 동산이나 장사가 비난하였던 것과 다를 바가 없다, 반케이와 같은 사람이 그런 말을 했을 리가 없지 않겠는가? 라는 것입니다. 반케이에 대한 평가를 떠나 손노는 '작용즉성'설이라는 것 자체를 어쨌든 수용할 수 없었을 것입니다.

있는 그대로의 자기에 대한 긍정과 부정, 그 대립은 먼 후세 에도시대의 일본 선문에서도 여전히 선의 분기점으로서의 의미를 잃지 않았던 것입니다.

제3강 ————————————————————————
문답에서 공안으로, 공안에서 간화로 — 송대의 선

1. 송대선과 공안

주자의 참선

이번에는 송대의 '공안선公案禪'에 관해 생각해 봅시다.

우선 다음 일화를 소개합니다. 『고애만록枯崖漫錄』이라는 송대 선문의 수필 가운데 한 단락입니다.

강서江西 운와영암雲臥瑩庵 주지(仲溫曉瑩)의 이야기. 경산徑山의 겸수좌謙首座(開善道謙)가 건양으로 돌아가 선주에 암자를 지으니 그 덕을 사모하는 사람들이 기뻐하며 귀의하게 되었다. 중천유曾天遊(曾開), 여거인呂居仁(呂本中), 유언수劉彦修(劉子羽) 같은 사람들이었다. 주원회朱元晦(朱熹)도 서간으로 도를 묻고 때때로 산중을 방문하였다. 어느 한 회답에 대략 다음과 같은 말이 있었다. "하루 종일(二六時中) 만약 무슨 일이 있으면 임기응변으로 그 일에 대처하고, 아무 일도 없으면 오직 내 일념에서 참구參究하라. '개(狗子)에게도 불성이 있는가? 조주趙州가 '없다!'라고 말했다. 오직 한결같이 이 화두를 참구하는 것이다. 사고해도 안 되며, 천착해도 안 된다. 지견이 생겨도 안 되며, 억지로 긍정해도 안 된다. 눈을 감고 황하를 뛰어넘는 것처럼, 넘을 수 있을 것 같든, 넘을 수 없을 것 같든, 하여간 120% 기력을 모아서 한 번에 뛰어넘는 것이다. 뛰어넘을 수 있으면 한 번 뛰는 것으로 천만 개의 문제가 해결된다. 만약 뛰어넘지 못하면 더욱 열심히 뛰어 보라. 성패를 생각하지 말고 위험을 돌아보지 말며 과감하게 전진하라. 결코 주춤거려서는 안 된다. 만약 머뭇거려 의식이 움직이면 곧바로 과녁을 비켜가게 된다."

도겸道謙은 유언수의 초청으로 건주 개선사의 주지가 되었다. 나(雲臥)와는 오랫동안 함께 대혜大慧를 섬긴 동료였다. 유삭재劉朔齋(劉震孫)가 말했다. "주문공朱文公(朱熹) 선생이 처음으로 이연평李延平(李侗)에게 도를 물었을 때, 그가 가지고 있던 물건 속에 있었던 것은 『맹자』와 『대혜어록』뿐이었다"라고.(『枯崖漫錄』, 권2)

주원회는 주희, 즉 이른바 '주자학'의 조祖라 일컬어지는 주자朱子를 가리킵니다. 그가 젊은 날 열심히 선을 넘나들었던 경험이 있다는 것은 널리 알려진 일입니다. 그러나 그것은 주희 한 사람만의 일은 아니었습니다. 사실상의 신빙성은 차치하더라도 위의 일화는 송대 사대부 사회에 선이 얼마나 강렬한 영향을 미쳤는지를 충분히 엿볼 수 있게 합니다.

전 강에서 본 것처럼 당대선의 기조를 결정한 것은 마조였습니다. 이어서 두 번째 주류로서 석두계의 선이 일어났습니다만, 거기서 볼 수 있는 새로운 생각이라는 것도 마조선에 대한 반조정으로서 비로소 의미를 가질 수 있을 뿐이었습니다. 전 강에서는 그 마조선의 생각을 다음과 같이 정리했습니다.

(1) 즉심시불: 스스로의 마음이 곧 부처이다.
(2) 작용즉성: 자기 심신의 자연스러운 작용은 모두 불성이 드러난 것에 다름 아니다.
(3) 평상무사: 인위적인 노력을 그만두고 다만 있는 그대로 있는 것이 좋다.

물론 앞에서 말한 것처럼 이것은 설명을 위한 편의적인 정리에 불과하며, 실제로는 모두 같은 생각이었습니다. 즉 '자기의 마음이 부처이므로 자신의 영위는 모두 그대로 불작불행佛作佛行에 다름 아니다. 따라서 새삼스럽게 성스러운 가치를 추구하는 수행 따위는 그만두고 다만 평상무사로 있는 것이 좋다고.' 다시 말하자면 본래성과 현실태의 무매개한 등치, 즉 있는 그대로의 자기의 있는 그대로의 시인, 그것이 마조선의 기본 정신이었던 것입니다.

이러한 사고에 대해서는 이미 마조 문하 가운데 일찍부터 회의나 비판이 있었습니다. 또 석두계의 선자들 사이에서는 있는 그대로의 현실태로 환원되지 않는 본래성의 자기(渠, 一人)에 대한 탐구가 나타났습니다.

그러나 위에서 요약했듯이 마조선의 기본 정신은 당대는 물론이고 송대에서도 선의 기본 정신으로서 강한 영향력을 가졌습니다. 그리고 그 밖의 많은 사상이 그랬듯이, 광범위한 영향력에 비례하여 안이하게 통속화되는 폐해 또한 면할 수 없었습니다. 송대 선자들이 위와 같은 당대선·마조선적인 사고의 극복을 스스로의 과제로 삼아 마침내 새로운 사상과 실천 방식을 지향하게 된 것은 자연스러운 흐름이었다고 할 수 있을 것입니다.

공안선—문자선과 간화선

송대의 선은 한마디로 말하면 선이 제도화된 시대였습니다. 하나는 선종이 국가의 정치, 경제, 문화, 제도 속으로 편입되었다는 외적인 의미에서, 또 하나는 그것에 부응하여 선종 내부의 기구나 수행형태가 제도적으로 정비, 규격화되었다는 내적인 의미에 있어서입니다.

송대에는 주요한 선원禪院이 관사官寺로서 조정의 지배를 받게 되고, 주지의 임면이나 이동이 이른바 관청의 허인가로 이루어집니다. 아울러 이름난 선사들에게는 사원조직을 경영하거나 절 재산의 관리·운용, 사대부 문인 관리층과의 교제가 중요한 업무가 되었습니다.(어쩐지 최근 대학과 닮은 듯합니다.) 다른 한편으로 사대부들에게도 정도의 차이는 있었지만 선의 세계와의 접촉이 마음의 의지처나 교양의 소재, 혹은 철학적 탐구나 시문작성의 소재가 되었습니다. 때로는 참선參禪이 관료세계에서 인맥을 형성하는 중요한 수단이 되기도 했지요.

그러한 추세 속에서 선원 내부에서도 국가나 황제를 위한 기원이 정례적인 업무가 되었으며, 관료기구와 유사한 직무체계가 조직되었고, 다양한 법칙이 '청규淸規'라는 이름으로 성문화되었습니다. 수행 면에서도 교재나 교수법의 규격화가 진행됩니다. 당대선의 수행이 스승의 문하에서 도제봉공徒弟奉公하는 것과 유사한 형태였다면, 송대는 학교에서 기술자를 양성하는 과정과 같았다고 할 수 있을까요? 구체적으로는 '공안公案'을 사용한 것입니다. 선문에서 공유하는 고전에서 수집, 선택한 선인의 문답을 기록한 '공안', 그것을 주어진 교재로 삼아 탐구하는 것이 수행의 중심이 된 것입니다.

공안의 탐구 방법은 크게 '문자선文字禪'과 '간화선看話禪', 두 가지로 나눌 수 있습니다. 문자선은 공안의 비평이나 재해석을 통해 선리禪理를 밝히는 것으로, '대어代語'(공안에 대한 代案의 제기), '별어別語'(공안에 대한 다른 해석의 제기), '송고頌古'(詩偈로 공안을 비평하는 것), '염고拈古'(산문으로 공안을 비평하는 것), '평창評唱'(선행하는 송고나 염고를 이용한 강의, 제창) 등이 그 구체적인 수단이 됩니다.

그러한 방식이 유교 경전이나 역사서, 선인들의 시문을 대량으로 암기하여 그것을 전거로 구사하면서 자신도 다음 시문을 짓는 사대부들의 문화(과거는 그러한 능력을 측정하는 시험이며, 송 왕조의 관료는 모두 그 과거를 통해 선발되었습니다만)를 반영하였다는 것은 확실할 것입니다.

한편, '간화선'은 특정한 하나의 공안에 전신전령全身全靈을 집중시켜 그 한계점에서 마음의 격발激發, 대파大破를 일으켜 결정적인 깨달음을 실제로 체험하도록 하려는 방법입니다. 그때 가장 중시되고 가장 많이 사용된 공안이 '조주무자趙州無字'였습니다. 글머리에서 들었던 주희의 이야기는, 사실 여부는 차치하고, 무자 공안을 사용한 간화선의 참구 분위기를 잘 전하고 있다고 생각합니다.

시대 구분에 따라 말하자면 송대선宋代禪은 '공안선'의 시대였습니다. 그 가운데 북송기는 '문자선'이 주류를 이루었고, 마침내 북송 말 대혜종고大慧宗杲(1089~1163)에 이르러 '간화선'이 추가됩니다. 단 간화선은 엄청난 힘으로 선문을 석권합니다만, 그것으로 문자선이 도태된 것은 아니었습니다. 간화선의 대성자인 대혜 자신이 방대한 문자선의 작품을 남기고 있듯이, 간화선으로 깨닫고 문자선으로 표현한다는 것이 남송 이후 대세였다고 할 수 있습니다.

공안선이라는 호칭은 지금까지 좁게, 또는 넓게 다양한 의미로 사용되어 혼란의 원인이 되어 왔습니다. 특히 공안선과 간화선을 부주의하게 동의어로 사용한 것이 이야기를 더욱 복잡하게 만들었습니다. '지관타좌只管打坐'라 하였지만 도겐도 결국 공안을 사용한 것이 아닌가 라든가, 공안에 반대한 도겐에게 공안집의 저작이 남아 있는 것은 무엇 때문인가 라든가.

그러나 공안선은 공안을 다루는 선의 총칭, 문자선과 간화선은 그 하위 구분이라 정리해 생각해 보면 그러한 물음이 잘못되었다는 것을 알 수 있을 것입니다. 도겐이 반대한 것은 간화선이지 공안선 일반은 아니었습니다. 대체로 『정법안장正法眼藏』은 간화선에 반대하면서 오히려 일본어(和文)를 사용한 새로운 문자선의 전개라 보아야 할 것입니다.

『분양송고』에서 『벽암록』으로

계통적인 문자선이 실제로 행해진 것은 북송 초의 분양선소汾陽善昭(947~1024)부터입니다. 고인의 문답 백 칙을 뽑아 시의 형태로 재해석한 『분양송고汾陽頌古』나 선문답을 발문 형태에 따라 분류한 『분양십팔문(汾陽十八問)』 등의 작품이 남아 있습니다.

그 뒤를 이어 문자선의 정점을 찍은 것이 설두중현(雪竇重顯(980~1051, 雲門宗)의 『설두송고(雪竇頌古)』와 그것을 강의한 원오극근(圜悟克勤(1063~1135, 臨濟宗)의 강의록 『벽암록(碧巖錄)』입니다. 『설두송고』는 분양의 경우와 마찬가지로 설두가 자신이 뽑은 백 칙의 공안에 시를 붙인 것이고, 후에 그 공안과 설두의 시를 원오가 순차적으로 강론한 기록을 정리하여 편찬한 것이 『벽암록』입니다.

『벽암록』은 문자선의 정화(精華)라 할 수 있는 저작입니다. 공안과 송고에 대한 논평의 상세함, 공안 중의 등장인물에 대한 고사, 화두의 풍부한 소개 등에서 선문의 교과서적인 역할을 수행해 온 서적이기도 합니다. 그러나 최근의 해독에 따르면 원오의 평창(評唱)은 거기에 그치지 않고 동시대의 통설, 속설을 통렬하게 비판하면서 수행자에게 실지의 깨달음을 요구하는, 강한 실천적 지향을 가진 것임을 알게 되었습니다. 그 논점으로는 대체로 다음 세 가지를 추출할 수 있습니다.

(1) '작용즉성'과 '무사(無事)'선의 부정: 있는 그대로의 자기를 있는 그대로 긍정한다고 하는 생각은 미망(迷妄)이다.

(2) '무사(0°) → 대오(大悟(180°) → 무사(360°)'라는 원환(圓環) 논리: 있는 그대로에 안주하지 않고 결정적인 대오철저(大悟徹底)의 체험을

하지 않으면 안 된다. 대오철저의 체험을 얻은 다음 비로소 모든 것은 있는 그대로 원성圓成되어 있음을 알 수 있다.

(3) '활구活句'의 주장: 대오철저를 위해서는 공안을 자의에 따라 합리적으로 해석하는 입장을 버리고 공안을 의미와 논리를 거절한 절대일어絶待一語로 보지 않으면 안 된다.

단, 이 세 가지는 『벽암록』에서는 아직 산견할 뿐으로 그것들의 상호관련성은 제시되어 있지 않습니다. 그러나 이들을 연결시켜 생각해 보면 이것이 잠재적으로 지향하고 있는 것은 '활구' 참선, 있는 그대로의 '무사'를 타파하고 철저대오에 이르는 선이라는 것을 추정할 수 있습니다. 여기까지 오면 대혜의 간화선까지는 앞으로 한 걸음 정도이지 않겠습니까?

간화선을 확립한 대혜종고가 원오의 법사法嗣였던 것은 우연이 아닙니다. 대혜가 『벽암록』의 판목을 파쇄했다는 유명한 전설이 있습니다만, 그것은 『벽암록』이 오직 문자선의 대표서로 유행했던 풍조에 분노했다는 이야기일 뿐이지, 원오에서 대혜로, 『벽암록』에서 간화로 전환되는 사상사적 연속성과 모순되는 것은 아닙니다.

거시적으로 보면 『벽암록』은 문자선을 최고조로 발전시킨 것으로, 간화선으로 발전할 단서를 연 책이며, 당대선을 극복하고 송대선을 낳은 동적인 연변 과정을 여실히 보여 주는 서적입니다.

2. 야압자 이야기와 당대선 비판

평상무사 비판

구체적인 예로, 우선 전 강에서 보았던 마조와 백장의 오리 이야기(『벽암록』, 제53칙, 마조태사의 들오리)를 한 번 더 보기로 하겠습니다.

마조와 백장이 산책하고 있는데, 갑자기 오리가 날아갔다.
마조가 말했다. "뭐지?"
백장이 대답했다. "오리입니다."
"어디로 갔나?"
"날아가 버렸습니다."
그러자 마조는 갑자기 백장의 귀를 잡아 비틀었다.
"아악!"
백장은 아파서 비명을 질렀다.
거기서 마조는 이렇게 말했다. "아직 여기에 있네. 날아가지 않았잖아."

원오는 공안을 평창하는 가운데 자주 동시대의 통설이나 속설을 통렬히 비판하거나 야유했습니다. 이 칙의 평창에서도 '요즈음'의 견해가 다음과 같이 공격 대상이 되었습니다.

요즈음 어떤 사람들은 이렇게 말한다. "원래 '깨달음' 따위가 있을 리가 없거늘, '깨달음'의 문이라는 것을 만들어서 방편方便으로 '구극적인 알'이라 한 것에 불과하다"라고. 이런 것을 사자 몸에 있는 벌레라고 한다. 옛사람도 말하지 않았는가? "샘이 깊지 않으면 물은 멀리까지 흘러가지 못하며 지혜가 크지 않는 자는 멀리 볼 수 없다"라고. 괜히 이런 일을 만든 것이라 생각했다면 불법이 어떻게 오늘에 이를 수 있었겠는가?

당시 원오가 '사자 몸속의 벌레'라 비난하지 않을 수 없을 만큼 횡행하고 있었던 것은 본래 '깨달음'이란 존재하지 않는다, '깨달음의 문'이라든가, '구극적인 알'이라 하는 것은 방편을 위해 임시로 만든 것에 불과하다는 등의 설이었습니다. '깨달음'이라는 것은 가설의 관념이며, 그런 것을 추구하지 말고 있는 그대로 있는 것이 결국 도에 맞다는 설입니다. 이것이 마조선 식의 평상무사라는 생각을 계승하였다는 것은 말할 필요도 없겠지요. 원오는 여기서 '깨달음'이라는 체험의 실재를 확신하면서 그렇게 말하는 '평상무사'의 선을 강하게 반대한 것입니다.

작용즉성 비판

원오는 이어서 또 다음과 같은 견해도 비판하였습니다.

요즈음 어떤 무리들은 이 화두를 오해하여 질문이 채 끝나기도 전에 "아악!" 하고 비명을 지른다. 그러나 그 정도로는 다행스럽게도 틀에서는 벗어나지 않는다.…… 만약 초목에 깃든 망령처럼 '여전마후'라는 녀석을 간취할 뿐이라면 대체 무슨 도움이 되겠는가? 마조·백장의 이 작용을 보는 편이 낫다. 너무나도 '소소영령昭昭靈靈'하면서도 '소소영령'한 것에 머물러 있지는 않은 것이다.

'야압자'의 공안에 대해 묻자마자 곧바로 "아악!" 하며 비명을 질러 보이는 그런 대답 방식이 송대 선문에서 널리 행해지고 있었던 모양입니다. 코를 비틀린 백장에게 즉석에서 보여 주려 했던, 고통을 느끼는 이 순간의 살아 있는 나, 그것이야말로 마조가 직지하고자 했던 것이었음을 실연한 것이겠지요. 경박한 느낌을 부정할 수 없지만 이론적으로는 마조선의 '작용즉성'설의 조술祖述이라는 것은 틀림없을 것입니다.

그러나 원오는 그러한 풍조에 분노하며 마조·백장의 오리 이야기를 '작용즉성'설로 이해해서는 안 된다고 단언한 것입니다. "여전마후를 실체시해서는 안 된다, 마조·백장이 하고 있는 것은 소소영령하게 보이지만, 그 본질은 소소영령한 데에는 없다." 원오가 그렇게 말한 것도 바로 이런 의미였습니다.

여전마후는 제2강 마지막에 보았듯이, 당나귀나 말 위의 주인공에 대해 그 앞뒤를 따라다니는 종자·하인을 가리키며, 거기서부터 본성(體)에 대한 작용(用)을 가리키는 비유가 되었습니다. 소소영령은 그 작용이 생생하고 역력하게 작용하는 모습을 형용한 의태어로, 역시 견문각지나 언어동작 등의 작용을 가리킵니다.

원오는 야압자(들오리) 이야기를 작용즉성의 관점에서 해석하는 것은 자연스러운 일이라고 인정하면서도 감히 이 이야기를 거기서 분리하려 한 것입니다.(참고로 덧붙이면 젊은 날 주희가 대혜의 제자인 開善道謙을 만났을 때, 그에게 소소영령의 선은 이해한 것 같다소소영령의 선밖에 이해하지 못했다라고 평한 것을 주희 자신이 회상하고 있습니다.)

위에서 인용한 두 가지 중 하나는 평상무사에 대한 비판이었으며, 또 하나는 작용즉성에 대한 비판이었습니다. 이 두 단락은 『벽암록』 본문에서는 조금 벗어난 곳에 있고, 서로 간의 연관성도 말하고 있지 않습니다. 그러나 전 강의 고찰에 의거하면 이 두 개의 비판이 별개의 이야기가 아님은 말할 필요도 없습니다. 그렇다면 원오는 어쩌라는 것일까요? 다음에 또 하나의 공안을 보기로 하겠습니다.

3. 조주의 칠근포삼

만법귀일의 이야기를 중심으로

『벽암록』제45칙은 '조주만법귀일趙州萬法歸一'이라는 다음과 같은 이야기입니다. 조주는 마조의 제자인 남전의 제자로 마조의 재전제자입니다.

> 승려가 말했다. "모든 사물은 근본인 일자로 돌아간다고 합니다. 그렇다면 그 일자는 대체 어디로 돌아가는 것입니까?"
> 조주가 대답했다. "나는 청주에 있을 때 포삼布衫 한 벌을 지었는데 그 무게는 일곱 근이었다."

"모든 존재가 귀착하는 그 근원인 하나, 그 하나가 또 귀착할 곳은 어디인가?" 이 물음에 조주선사는 단 한 마디로 "내가 청주에 있을 때 포삼 한 벌을 지었는데 무게가 일곱 근"이었다고 답했다는 이야기입니다. 이것은 대체 무엇을 말하고 있는 것일까요? 『벽암록』에서 어떻게 다루고 있는지는 일단 제쳐 두고 우선 이 문답의 원뜻을 생각해 봅시다.

처음에 청주라는 지명을 보면, 『송고승전』권11, 「조주전趙州傳」

에는 "승려 종심從諗은 청주 임치臨淄 사람이다"라고 되어 있습니다. 현재 산동성 임시현에 해당하는데, 여기서 중요한 것은 그것의 지도상의 위치가 아니라, 그것이 조주 자신의 적관籍貫(일족의 원적지)이었다는 점입니다.

중국에서는 지금도 어디어디 사람이라는 것이 그 사람을 말할 때 성명이나 가족관계에 버금가는 중대한 요소입니다. 그것은 선문답에서도 변함이 없습니다. 현사玄沙라는 선사는 장경혜릉長慶慧稜이라는 젊은 제자에게 "그건 바로 너"(두말할 것도 없이 너는 너 자신이다)라는 뜻을 깨우쳐 주기 위해 긴 문답을 행했는데, 그 가운데 다음과 같이 말했습니다.

그대는 능도자稜道者, 어찌 알지 못하는가?
다만 능도자일 뿐. 밖에서 찾으려 하지 말라.
너는 양절 사람. 나는 복주 사람.
북소리를 듣는 사람은 바로 그대일 뿐이다.

어느 것이든 "그건 바로 너"를 바꾸어 말한 것입니다. "너는 혜릉이다. 왜 그것을 모르는가?", "오직 혜릉일 뿐이다. 밖에서 찾으려 하지 말라", 그런 것과 같은 의미로 "너는 양절 사람이고 나는 복주 사람이다"라고 말한 것에 주목하기 바랍니다.

적관을 들어 '어디어디 사람'이라 밝히는 것은 즉 '그건 바로 너' (자기는 자기 외의 그 누구도 아니며 자기 외의 그 누구도 자기일 수 없다)라는 의미 가 포함되어 있습니다. 더구나 관념적인 자의식이 아니라 큰북이 울 리면 지금 이 자리에서 그 북소리를 또렷하게 듣는, 그런 살아 있는 자기를 말하는 것입니다.(전 강 마지막에 보았던 반케이 선사의 말 이 떠오릅니다.)

그렇다면 다음 포삼은 어떨까요? 포布는 삼베나 무명, 삼衫은 짧 은 소매의 단의로, 격식을 차린 외출복이나 나들이옷이 아니라 항상 내 몸에 걸치고 있는 평상복을 말합니다. '삼衫'은 아닙니다만, 당의 『한산시』에는 '유襦'를 노래한 다음 시 한 수가 있습니다. '유'는 허리 까지 내려오는 짧은 상의를 말하는데, 이것도 포삼과 마찬가지로 항 상 내 몸과 함께하는 평소의 평상복입니다.

내 지금 저고리 한 벌을 가지고 있는데   我今有一襦
결이 좋은 비단도 아니고 광택이 아름다운 비단도 아니다.

                                                          非羅復非綺
그 색이 어떤 색이냐 하면   借問作何色
붉은색도 아니고 자주색도 아니다.   不紅亦不紫
여름에는 긴 상의를 대신하고   夏天將作衫
겨울에는 이불 대신으로 쓴다.   冬天將作被
이렇게 겨울·여름 교대로 입으니   冬夏遞互用

일 년 내내 이 한 벌뿐이다.　　　　　　　　　　　長年只者是

유㡍는 여기서 있는 그대로의 자기, 선어로 말하면 '자기본분사自
己本分事'의 비유가 되었습니다. 마지막에 '이것뿐'(只者是)도 지금 여기
에 있는 살아 있는 자기야말로 참자기라는 의미로, 당대 선자들이
자주 사용한 말입니다.

그렇다면 왜 그 무게가 일곱 근이 되는 것일까요? 이것에 관해서
는 교토 선문화연구소에서 나온 『경덕전등록』 훈주본訓注本의 다음
주가 잘 설명하고 있습니다.

일곱 근은 약 4킬로그램. 갓난아기의 몸무게와 같다.

이렇게 청주, 포삼, 일곱 근을 당대 선승들이 사용한 말과 어감
으로 바꾸어 비교해 보면, 하나의 의미가 떠오릅니다. 즉 청주에서
만들어진 무게 일곱 근의 포삼, 그것은 향리에서 응애 하고 태어난,
이 있는 그대로의 살아 있는 자기, 그것에 다름 아니라는 것입니다.

"만법이 귀착하는 근원의 일자一者, 그것이 또 귀착할 곳은 지금
여기에 이렇게 있는 살아 있는 자기, 지금 나와 마주보며 이렇게 질
문하는 피가 통하는 너라는 사람, 그것 외에 아무것도 아니다", 조주
선사는 수행승들을 그렇게 깨우치려 했던 것입니다.

4. 철만두를 씹어 부수다

공안참구란

이상은 당대선에 관한 것이었습니다. 조주도 여기서 있는 그대로의 자기의 있는 그대로의 시인이라는 마조선의 기본적인 입장에서 있습니다. 그러나 『벽암록』은 이 말을 결코 그렇게 받아들이지 않았습니다.

무릇 당대 문답은 언뜻 보면 불가해하지만 실은 거기에는 깨우쳐야 할 의미가 포함되어 있습니다. 그것이 불가해로 보이는 이유는 스승이 일방적으로 대답을 가르치는 것이 아니라 질문자 자신이 그 답을 발견하도록 하는, 말하자면 남에게 물을 것도 없이 그 질문을 던진 자신이 실은 그 대답에 다름 아니라는 것을 자각하도록 하려는 문답으로 구상되어 있기 때문입니다.

그런데 송대가 되면 문답은 처음부터 어떤 의미도 담고 있지 않은, 절대적으로 불가해한 말 즉 공안으로 다루어집니다. 모든 의미를 탈락시키고 모든 논리를 절단한 완고한 말 덩어리. 그렇기 때문에 수행자로부터 모든 지적인 분별을 박탈하고 그 마음을 몰아세워 결사적인 도약을 하지 않을 수 없게 하는, 그런 것으로 공안이 사용되게 된 것입니다.

그러한 역사적 전환에 대해 무로마치 시대(室町時代)의 고승 무소 국사, 무소 소세키(夢窓疎石, 1275~1351)는 다음과 같이 말했습니다.

예전에는 스승이 내 말을 공안으로서 참구하라고 권하는 일은 없었다.…… 그런데 요즈음 사람들은 앞 세대로부터 수행한 축적도 별로 없고, 도를 추구하는 마음도 강하지 않다. 스승의 말 한마디를 들으면 어떤 사람은 논리적으로 추량하여 마치 깨달은 것 같은 기분이 되어 거기서 멈추어 버리고, 또 가장 어리석고 논리도 가지지 못한 사람은 좌절해 버린다. 그러한 상황을 가엾게 여겨 원오나 대혜 이후 공안참구公案參究라는 방편이 마련된 것이다.(『夢中問答』55『『夢中問答集』)

"예전, 즉 당대선에서는 스승이 자신의 말을 공안으로서 참구하도록 하는 일은 없었다. 그러나 지금(今時), 즉 송대 이후 사람들은 앞 세대로부터 수행이 축적된 것도 아니고 도를 추구하는 마음 또한 강하지도 않다. 그 때문에 스승의 말 한마디를 듣고 어떤 사람은 이치를 따져서 멋대로 추량하고는 깨달았다고 여겨 할 수 있는 일은 다했다고 하고, 또 이치를 따지는 것조차 못하는 우둔한 사람은 좌절하여 포기할 수밖에 없었다." 그러한 상황을 가엾게 여겨 원오·대혜 이후 공안참구의 방편을 마련하게 되었다고 하는 설명입니다.

실제로는 공안은 원오·대혜에서 처음으로 사용된 것이 아니라 그 이전부터 널리 행해지고 있었지만, 말하자면 송대 공안선의 대성자 · 대표자로서 여기에 이름을 든 것이겠지요. 치밀한 역사적 기술은 아닙니다만, 당대선과 송대선의 대비를 거시적으로 포착한 탁견이라 생각합니다.

그렇다면 공안이란 어떤 것일까요? 이것에 대해 무소 국사는 다음과 같은 비유로 설명하고 있습니다.

> 선사가 부여한 공안은 정토왕생淨土往生을 위한 것도 아니며 성불득도成佛得道의 요구에 응한 것도 아니다. 또 세간의 훌륭한 일도, 불문의 이론도 아니다. 모두 심의식心意識에 의한 사고가 미치지 않기에, 그 때문에 이것을 공안이라 하는 것이다. 그것은 '철만두鐵饅頭'에 비유된다. 다만 한결같이 심의식의 혀가 닿지 못하게 하는 곳에서 씹고 씹고 또 씹다 보면 반드시 씹어 부술 때가 온다. 그때 비로소 이 철만두가 세간의 미각과도, 출세간의 미각과도 다른 것이라는 것을 알 수 있을 것이다.(『夢中問答』 32『夢中問答集』])

선의 공안은 정토왕생이나 성불득도의 수단도 아니고, 세간의 훌륭한 일도, 불문의 이론도 아닌, '일체 정식情識이 추량할 수 없는 곳', 즉 어떤 사고나 감정도 미치지 못하기에 이것을 공안이라 하는 것이라고 무소는 말합니다.

그것이 철만두에 비유되는 것은 씹을 수도 없고 맛도 없다, 즉 어떤 분석을 시도하는 것도 어떤 의미를 이끌어 내는 것도 불가능하다는 것의 비유일 것입니다. 철만두를 분별의식이 미치지 않는 곳에서 억지로 씹고 또 씹다 보면 돌연 우두둑하고 씹어 부서지는 때가 오는데, 이처럼 큰 깨달음의 때에 이르러야 거기서 처음으로 이 철만두가 모든 의미 부여로부터 단절된 것이라는 것을 알 수 있을 거라는 뜻입니다.

이 철만두의 비유는 송대 선자들이 사용한 '철산함鐵酸餡'(산함은 고기 대신에 식초를 친 야채가 들어간 중화만두) 비유의 번안입니다만, 공안을 사용하는 방법을 매우 잘 설명하였다고 생각합니다.

결론부터 말하면 원오는 조주의 칠근포삼七斤布衫 운운한 말을 무소가 말한 철만두와 같은 것으로 다루려고 합니다. 조주의 문답을 평창하면서 원오는 다음과 같이 말합니다.

'일격하여 갈 곳을 안다', 즉 단 한 번으로 논리를 배제한 채 그 자리에서 깨닫는다, 그런 식으로 이 공안을 깨달아 버리면 천하의 노화상들조차 너에게 항복할 것이다. 그렇다면 물이 낮은 곳을 흐르듯이 저절로 그러해야 할 이치가 생긴다. 역으로 만약 조금이라도 머리로 생각해서 머뭇거리면 너는 자신의 기반을 잃어 버릴 수밖에 없다. 불법의 핵심은 말의 많음, 어구의 상세함과는 관계가 없다.
예컨대 승려가 "만법은 하나로 돌아가는데, 그 하나는 어디로 돌아가는가?"라고 물었더니, 그럼에도 불구하고 조주는 "나는 청주에 있을 때 포삼 한 벌을 지었는데 무게가 일곱 근이다"라고 대답했다. 이런 것을 어구상에서 이해하려 하면 중요한 곳을 놓칠 수밖에 없다. 그러나 그렇다고 해서 어구를 벗어나 버리면 승려의 물음에도 '불구하고' 지금 조주가 이렇게 대답한 것을 어떻게 이해할 수 있겠는가? 이 말의 존재 여부는 어쨌든 부정할 수 없지 않는가?

이 공안은 보기 어렵지만 이해하기 쉽고, 이해하기 쉽지만 보기 어렵다. 보기 어렵다고 하면 은이나 철로 만들어진 절벽처럼 그 누구도 접근하지 않을 것이며, 이해하기 쉽다고 하면 좋고 나쁨을 운운할 여지도 없이 단번에 명백하다. 따라서 이 공안은 저 보화普化의 공안과 마찬가지인 것이다.(『벽암록』)

여기서 강조하는 것은 깨달음이 언어와 관계가 없다는 것, 그 때문에 일격으로 곧바로 깨닫지 않으면 안 된다는 것입니다. 원오가 두 번에 걸쳐 조주의 대답을 "그럼에도 불구하고" 말한 것이라 한 것도 그 때문입니다.

"승려의 질문에도 불구하고 이렇게 대답했다", 이 표현은 원오가 조주의 말을 질문과의 사이에 어떤 관련도 없는, 논리가 절단된 구절로 간주하고 있음을 보여 줍니다. 그리고 "이 한 구절을 말에 근거하여 이해해도 안 되지만 또 그 말을 버려서도 안 된다, 이 말 그 자체를 논리를 빼고 한 번에 깨달아라. 씹을 수 없는 철만두를 억지로 한 번에 씹어 부수어라.” 그렇게 몰아세운 것입니다.

불법상량과 불법지취

이어서 평창에서는 마찬가지로 조주의 ‘뜰 앞의 측백나무’(庭前柏樹子)라는 문답을 인용하여 위의 취지를 더욱 보강해 갑니다.

어느 날, 승려가 물었다. “무엇이 조사가 서쪽에서 온 뜻입니까?”
조주가 말했다. “뜰 앞의 측백나무.”
승려가 말했다. “화상께서는 사물을 가지고 사람들에게 보여 주지 마십시오.”
조주가 말했다. “나는 사물을 가지고 보여 준 적이 없다.”

이것에 대해서도 일단 『벽암록』에서 벗어나, 이 문답이 당대선에서 어떤 의미로 사용되었는지 살펴보기로 하겠습니다.
전 강에서 보았듯이, ‘조사서래의’는 조사 달마가 서쪽에서 멀리 중국으로 온 의미는 무엇인가 하는 것입니다. 달마가 인도에서 중국으로 ‘이심전심’의 법을 전하여 선종이 만들어졌다면 그 의미나 의도를 묻는 것은 바로 선의 제일의를 묻는 것입니다. 그 때문에 이 질문은 "부처란 무엇인가"와 더불어 선문답에서 가장 많이 보이는 물음이기도 합니다.

이 물음에 대해 조주는 오직 한마디 "뜰 앞의 측백나무"라 답했습니다. 백柏은 일본어의 떡갈나무가 아니라 상록 교목으로 '편백, 측백나무'류이고, ~자子는 의자나 불자의 자처럼 명사의 접미사로 실제 뜻은 없습니다.

'조사서래의'란 무엇인가?
뜰 앞 측백나무.

이것도 얼핏 보면 질문에 제대로 대답하지 않은, 뒤죽박죽 터무니없는 문답으로 보일 것입니다. 그러나 이 또한 본래 그랬던 것은 아닙니다. "내 마음이 부처이다. 이 마음이 바로 다름 아닌 부처이다", 그 하나를 깨닫게 하려고 조사 달마는 남천축에서 온 것이라고 마조는 명언하였습니다. '조사서래의'를 묻는 질문자에게 조주가 보여 주고자 한 것도 물론 이 하나였습니다.

그렇지만 그렇다면 왜 '뜰 앞의 측백나무'처럼 아무런 관계도 없는 답을 한 것일까요? 아니, 아니, 관계가 없는 것이 아닙니다. 『조주록趙州錄』 권상에 또 하나 이런 문답이 기록되어 있습니다.

묻는다. "무엇이 학인의 자기입니까?"

스승이 말하였다. "뜰 앞 측백나무를 보았는가?"

'학인學人'이란 도를 배우는 사람 즉 수행자를 말합니다만, 수행승이 자신을 낮춘 일인칭으로도 사용됩니다. "저의 '자기'란 무엇입니까?", "뜰 앞 측백나무가 보이는가?" 여기서는 '학인의 자기' = 지금 측백나무를 '보고 있는' 너라는 관계가 극히 자연스럽게 파악됩니다. 앞에서 인용한 것 가운데 "그건 바로 너"라는 뜻을 보여 주려 했던 현사가 "북소리를 듣는 것은 바로 너일 뿐"이라고 했던 것을 함께 떠올려 보세요.

"'무엇이 조사가 서쪽에서 온 뜻인가?', 조주가 말하기를, '뜰 앞 측백나무'라 하였다." 이 문답도 같은 취지로 이해할 수 있습니다. 조주는 '뜰 앞의 측백나무'가 '서래의'라고 말한 것이 아닙니다. "자, 뜰 앞 측백나무가 보이는가? 지금 그것을 보고 있는 살아 있는 너, 조사는 바로 그것을 깨우쳐 주기 위해 온 것이다." 조주는 넌지시 그렇게 말한 것입니다.

그러나 질문자는 그 뜻을 알아채지 못했습니다. "화상이시여, 사람이 모처럼 '서래의'를 물었는데 나무 같은 것을 말하지 마십시오." 조주가 '측백' 이야기를 하고 있다고 여전히 생각하고 있었던 것입니다. 그래서 조주는 부드럽게 말했습니다. "음, 나도 나무 이야기를 하고 있는 것이 아니야. 그래, 나도 처음부터 나무 이야기를 한 것이 아니라 그것을 보는 네 자신에 대해 이야기한 것인데……."

이상이 백수자柏樹子 이야기의 원뜻입니다. 그러나 이 이야기도 원오는 결코 그렇게 해석하지 않았습니다. 평창에서 위 문답을 거론하며, 원오는 다음과 같이 말합니다.

> 자, 잘 보거라. 조주가 이처럼 전환 불가능한 구극의 한 점에서 훌륭하게 전환을 이루어 하늘도 땅도 모조리 덮어 버리는 모습을. 만약 여기서 전환할 수 없었다면 가는 곳마다 장애가 생겼을 것이다. 그럼, 말해 보거라. 조주에게 '불법상량佛法商量'이 있었는지 없었는지를. 있었다고 말하려 하면 그는 '심心·성性', '현玄·묘妙'를 운운한 적이 없다. 그러나 역으로 조주에게는 '불법지취佛法旨趣'가 없었다고 하려 하면 그는 지금 승려의 질문을 없었던 것(無)으로 하지 않고 제대로 대답하고 있지 않은가?

여기에 보이는 '불법상량'은 분절적·논리적으로 불법을 설파하는 것이고, '불법지취'란 그러한 것에 의거하지 않고 불법의 본질 그 자체, 핵심 그 자체를 빠짐없이 분명하게 직지直指하는 것입니다.

여기서 원오는 '뜰 앞 측백나무'를 조주가 불법상량에 함몰되지 않고 불법지취를 직지할 수 있었던 한 구절이었다고 평하였습니다만, 그것은 앞에서 칠근포삼七斤布衫을 운운한 구에 관해 이렇게 말한 것과 조응합니다. "만약 어구상에서 해석하려 하면 중요한 곳을 놓치게 될 것이다. 그러나 그렇다고 하여 어구를 벗어나 버리면 승려의 물음에도 불구하고 (오히려) 지금 조주가 이렇게 대답한 것을 어떻게 이해할 수 있겠는가?' '어구상에서 해석'하는 것은 '불법상량', 한편 엄연히 존재하는 조주의 말 그 자체는 '불법지취'의 직접적인 제시라는 것입니다.

원오는 '칠근포삼' 운운하는 말도 이 '백수자'의 말과 마찬가지로 '어구'를 입에 담으면서도 '어구'의 논리를 절단하는 것, '어구'를 사용하면서도 '불법상량'에 떨어지지 않고 '불법지취' 그 자체를 직지할 수 있는 것, 그런 것으로서 보라고 한 것입니다.

칠근포삼에 관해 원오는 "보기 어렵다고 해 버리면 은이나 철로 만든 절벽처럼 아무도 접근할 수가 없고, 이해하기 쉽다고 하면 좋고 나쁘고를 말할 여지도 없이 그대로 명백하다"라고 했습니다. 이것도 역시 같은 의미입니다. "불법상량에 의해 합리적으로 이해하려 하는 한, 거기에는 착수할 단서가 아예 없지만, 그러나 불법지취로서 논리를 배제하고 일격一擊으로 집어 삼키면 그것은 그대로(直下)로 명백한 것이라고."

5. 활구와 사구

무사를 타파하는 활구

불법상량과 불법지취라는 용어는 여기뿐입니다만, 같은 사고가 『벽암록』 곳곳에 보입니다. 그때 빈번하게 쓰인 것은 사구死句와 활구活句라는 용어입니다. 원오는 공안의 평창에서 "언구言句상에 있지 않다"라는 구와 '활구'는 참구하지만 '사구'는 참구하지 않는다는 구를 결정적인 구절로 사용했습니다. 예컨대 제20칙인 본칙 평창에 이런 구절이 보입니다.

> 한 승려가 조사가 서쪽에서 오신 뜻을 물었더니 (대매는) "서래에 뜻은 없다"고 대답했다. "그런데 그대들이 만약 이대로만 해석한다면 '무사'만이 깨달음이라고 집착하는 경계에 떨어지게 될 것이다. 그러므로 이런 말이 있다. '활구야말로 참구하지 않으면 안 되며, 사구는 참구해서는 안 된다. 활구에서 깨달으면 미래 억겁에도 잊지 않겠지만, 사구에서 깨달으면 자기 자신마저 구할 수 없다'라고."

조사서래의를 추궁당한 대매법상이 서래무의西來無意, 즉 서래에 뜻은 없다고 대답한 문답을 평한 일절입니다. 이것을 문자 그대로 해석하여 서래의는 존재하지 않는다고 하면 그 즉시 '무사'의 세계에 떨어질 것입니다. 그러므로 원오는 '사구'를 참구하지 말고 '활구'를 참구해야 한다고 말한 것입니다.

"활구야말로 참구해야 하는 것이다. 사구를 참구해서는 안 된다", 이 성구는 후세에 운문법사인 덕산연밀德山緣密이 한 말로 전해지고 있습니다. 또 '활구, 사구'의 어의에 대해서는 같은 운문법사인 동산수초洞山守初에게도 다음과 같은 말이 전해집니다.

> 말 가운데 말이 있는 것을 이름 하여 사구라 한다. 말 가운데 말이 없는 것을 이름 하여 활구라 한다.(大慧, 『正法眼藏』, 권4)

의미와 논리를 포함한 이해 가능한 말이 '사구', 의미가 탈락되고 논리가 단절된 이해 불가능한, 철만두와 같은, 말이 '활구'라는 것입니다. 원오가 불법상량, 불법지취와 대비시켜 말한 것도 바로 이 사구, 활구였습니다.

위 원오의 설에서 주목해야 할 것은 당대와는 달리 '무사'가 나쁜 일로 바뀐 것입니다. 그리고 그것과 더불어 '조사서래의'가 무사의 대극에 놓이게 되고, 무사를 타파하는 것이 '활구'라고 합니다. 즉 당대에는 '서래의西來意 = 즉심시불卽心是佛 = 무사無事'가 하나의 등식으로 성립되어 있었던 반면, 여기서는 '서래의'와 '무사'가 반의어가 되고, '서래의 = 활구' 대 '무사 = 사구'라는 이항대립으로 변환되어 있습니다.

당대풍, 마조풍의 무사가 비판의 대상이 된 것은 야압자野鴨子칙에서 이미 보았습니다. 여기서는 무사를 비판하는 것에 멈추지 않고 그것을 타파하기 위한 것으로 '서래의 = 활구'를 제기하고 있습니다.

6. 산은 산, 물은 물─송대선의 원환 논리

대철대오의 중시

칠근포삼의 평창으로 돌아갑니다. 이 칙의 평창은 다음 일단락으로 끝납니다. 여기에도 무사라는 말은 포의褒義에서 폄의貶義로 반전되고, 그와 동시에 서래의의 의미도 바뀌어 있습니다. 글 중에 나오는 '상재上載, 하재下載'는 원래 조주의 말로, '상재'는 수행자에게 '불법佛法'이라는 짐을 짊어지게 하는 것, '하재'는 수행자가 짊어진 '불법'이라는 짐을 내려놓게 하는 것입니다.

그런데 요즈음 사람들은 선을 '무사'선식으로 이해하여 이렇게 말한다. "원래 미혹됨도 깨달음도 없으니 결코 구할 필요도 없다.

부처가 이 세상에 출현하기 전, 달마가 동토에 오지 않았을 때에
도 마찬가지이다. 모든 것은 오직 있는 그대로 있을 수밖에 없다.
그러니 부처가 출현하면 무엇할 것이며, 또 조사가 서쪽에서 온
뜻을 물어서 무엇하겠는가?'라고.
그러나 어쨌든 이래 가지고서는 잘못되어도 한참 잘못된 것이다.
그게 아니라 대철대오大徹大悟하고 보면 여전히 산은 산이고, 물은
물이며, 또 일체의 만법이 모두 있는 그대로 분명하게 드러나 있
다고 그렇게 말해야 한다. 그래야 비로소 '일없는(無事) 사람'이 되
는 것이다. 용아거둔龍牙居遁 선사禪師도 말하지 않았는가?

도를 배우려면 먼저 깨달음이 없어서는 안 된다.
그것은 노 젓기 시합에서 용주를 빼앗듯이 해야 한다는 걸.
비록 시합하기 전에도 빈터에 방치되어 있기는 했지만
반드시 이기고 나서야 저렇게 쉽게 되는 것이라고.(『景德傳燈錄』, 권
29, 龍牙和尙頌)

조주의 칠근포삼이라는 화두, 황금 같고 보옥 같은 고인의 이 말
을 똑똑히 보라. 그것에 비해 내가 여기서 말하고 여러분이 이렇
게 듣고 있는 것은 어차피 모두 상재일 뿐이다. 그렇다면 말해
보라. 참하재란 어떤 것인가? 그것은 각 승당에서 제각기 궁구해
야 한다.

"본래 모든 것이 '있는 그대로'이다. 그러므로 불도도, 서래의도

필요 없다." 그렇게 말하는 무사의 견해가 여기서도 비판받았으며, 대철대오의 필요성이 강조됩니다. 그리고 여기서도 부처의 출세나 조사의 서래가 무사를 부정하고 극복할 수 있는 것으로 자리매김되어 있습니다. 즉 '즉심시불 = 무사라고 하는 있는 그대로의 사실을 직지하는 것이 아니라, '무사'를 타파하여 '대철대오'에 이르게 하는 것, 그것이야말로 '조사서래'의 참뜻이라는 것입니다.

그것을 앞서의 고찰과 결합시켜 일원화하면 '활구'로 있는 그대로의 '무사'를 타파하고 '대철대오'에 이르는, 그와 같은 선을 잠재적으로 지향하고 있었음을 알 수 있습니다.

단, 원오의 논리는 단순히 무사를 배척하는 것에서 끝나는 것이 아닙니다. "반드시 대철대오하지 않으면 안 된다. 대철대오하고 보면 이전과 마찬가지로(依前) 변함없이 산은 산이고, 물은 물이며, 모든 것이 있는 그대로 현성하여 있다, 이것을 깨달아야만 비로소 무사의 사람이라 할 수 있다." 원오는 그렇게 말하였습니다.

위의 인용문 바로 앞에 원오는 그 취지를 '완전히 깨닫고 나면 오히려 깨닫지 않았을 때와 같다'라는 구로 요약하였습니다. 그 중점은 '깨닫고 나면 오히려 또……'라는 점에 있습니다. 원오도 마지막의 마지막에는 역시 본래 무사라는 것을 긍정합니다. 그러나 그것은 어디까지나 대철대오한 다음에야 다시 되돌아올 수 있는 곳이었습니다.

원오의 원환 논리란

이런 종류의 논의도 『벽암록』 가운데 자주 보이며, 『벽암록』의 중요한 논점 가운데 하나입니다. 예컨대 제9칙 조주동서남북趙州東西南北의 본칙 평창에도 다음과 같은 구절을 발견할 수 있습니다.

어떤 사람은 말한다. "본래 완전히 무사인 것이다. 차가 있으면 차를 마시고, 밥이 있으면 밥을 먹을 뿐이다"라고. 이것은 매우 허망한 말이다! 이런 것을 "얻을 수 없는 것을 얻으려 하고 깨닫지 못한 주제에 깨달았다고 한다"(『法華經』, 「方便品」)라고 하는 것이다. 이런 녀석들은 깨닫지도 못한 주제에 사람들이 '심성'이나 '현묘'를 말하는 것을 보면 "세상에는 미혹된 말밖에 없다. 실은 본래 무사인 것이다"라고 한다. 이것이야말로 '한 맹인(一盲)이 여러 맹인(衆盲)을 이끄는' 꼴이다. 이런 자들은 달마조사가 서쪽에서 오기 전에 대체 어디에 하늘을 땅이라 하고 산을 물이라 부르는 일이 있었는지, 조사가 대체 무엇 때문에 서쪽에서 왔는지를 알지 못하는 것이다.
그런데도 너희들이 법당에 오르거나 방장실에 들어가 설파할 때를 보라. 대체 그게 뭔가! 모두 범정凡情과 분별뿐이지 않은가? 그러한 범정이나 분별을 모두 버리면 그때 비로소 간파할 수 있을 것이다. 그리고 간파하고 보면 역시 의연히 하늘은 하늘, 땅은 땅, 산은 산, 물은 물이 될 것이다.

여기서도 마찬가지로 "본래 무사이다. 차가 있으면 차를 마시고 밥이 있으면 밥을 먹을 뿐"이라는 무사선의 견해를 비판하였고, 그것에 대치하여 하늘이 땅이 되고 산이 물이 된다고 하는 '서래의'의 세계가 실재하고 있음을 강조하고 있습니다. 이것은 앞의 '대철대오'에 대응하는 것입니다만, 원오의 논의는 거기에 머물지 않고, 그 위에 새롭게 얻을 수 있는 '하늘은 하늘, 땅은 땅, 산은 산, 물은 물'이라는 있는 그대로의 세계를 보여 주며 단락을 마무리하고 있습니다. 이러한 원오의 논의는 다음과 같은 원환 논리로 정리할 수 있을 것입니다.

未悟(0°) → 悟了(180°) → 還同未悟時(360°)

無事(0°) → 大徹大悟(180°) → 無事(360°)

山是山, 水是水(0°) → 喚天作地, 喚山作水(180°) → 依舊山是山, 水是水(360°)

원오의 설은 어디든 단편적이고 난해합니다만, 거의 동시대를 산 청원유신靑原惟信(생몰년 미상, 嗣 晦堂祖心)의 다음 말이 이 원환 논리의 전체 구도를 매우 알기 쉬운 형태로 보여 주고 있습니다.

법당에 올라가서 말하였다. 30년 전 아직 선을 참구하지 않았을 때 자신에게는 산은 산으로 보이고 물은 물로 보였다. 그 후 선지식을 만나서 오입悟入의 계기를 얻은 단계에서는 산은 산이 아니고 물은 물이 아닌 것으로 보였다. 그것이 쉴 곳을 얻은 지금에는 예전과 마찬가지로 산은 산으로 보이고 물은 물로 보인다. 자, 여러분 이 세 종류의 견해는 같은가, 다른가? 그것을 판별할 수 있다면 참으로 나와 만났다고 인정해 줄 것이다.

있는 그대로(0°) → 있는 그대로의 완전 부정(180°) → 본래 있는 그대로에 대한 회귀(360°), 이러한 원환 논리는 있는 그대로 자기에 대한 긍정과 부정의 모순이라는 당대선 이후의 오래된 과제에 하나의 해답을 제공한 것이라 할 수 있을 것입니다.

7. 대혜의 간화선으로

한 개의 화두를 보라

활구에 따라 있는 그대로의 무사를 타파하고 대철대오에 이르는, 즉 『벽암록』에서 단편적으로 설파하였고 잠재적으로 지향하였던 이러한 선이 실천적인 방법으로서 일원화되면 대혜의 간화선으로 결실을 맺게 된다는 것은 용이하게 상상할 수 있을 것입니다. 대혜는 한 사대부에게 다음과 같이 말했습니다.

만약 곧바로 깨닫고자 한다면 반드시 이 한 생각이 쩍 하고 대파
되지 않으면 안 된다. 그래야만 생사를 밝힌 것이 되고, 그래야만
오입이라 할 수 있다. 그러나 그렇다고 하여 일부러 대파되기를
기다려서는 안 된다. 대파에 마음을 둔다면 영원히 대파의 때는
일어나지 않는다. 어쨌든 망상전도妄想顚倒된 마음과 사량하고 분
별하는 마음, 삶을 좋아하고 죽음을 싫어하는 마음, 지견 이해하
는 마음, 고요함을 원하고 소란스러운 것을 싫어하는 마음, 그것
을 한꺼번에 억눌러서 꼼짝달싹 못하게 해야 한다. 그리고 꼼짝
달싹 못하게 한 데서 화두를 살펴보라. "승려가 조주에게 물었다.
'개에게도 불성이 있는가? 조주가 '무!'라고 말하였다." 이 '무'자
는 수많은 잘못된 지식, 잘못된 깨달음을 물리치는 강력한 무기
이다.
이 한 글자에 대해 있고 없고의 생각을 덧붙여서도 안 되고, 합리
적인 해석을 해서도 안 되며, 분별의식을 가지고 사고하거나 혜
아려서도 안 된다. '눈썹을 찡그리고 눈을 깜빡이는'(揚眉瞬目) 작용
을 시인해도 안 되며, 글자의 뜻이나 문맥 속에서 생각해서도 안
되고, '무사'에 맞도록 내버려 두어도 안 된다. 물음을 던진 자신
이 바로 대답이라고 긍정해서도 안 되며, 고전에서 논거를 구해
서도 안 된다. 다만 하루 종일(二六時中) 행주좌와行住坐臥하는, 모든
영위 가운데 시시각각 항상 화두를 염두에 두고 늘 거기서 마음

을 각성시키는 것이다. "개에게도 불성이 있는가? 조주가 '무!'라고 말하였다." 그렇게 일상의 영위를 벗어나지 않도록 해 보라. 시험 삼아 이렇게 수행해 보면 열흘이나 한 달만으로 곧 볼 수가 있을 것이다.(『大慧普覺禪師語錄』, 권26, 答富樞密)

여기서도 조주의 '무'가 '없다'라는 의미가 아니라는 것은 말할 것도 없습니다. 원오는 일격으로 깨달으라고만 할 뿐 어떻게 일격으로 깨달을지는 말하지 않았습니다. 그러나 여기서는 '한 개의 화두를 보라'는 구체적인 방법으로 설파하고 있습니다. 말하자면 "어쨌든 하루 종일(二六時中) 행주좌와하는, 모든 영위 가운데 시시각각 항상 화두를 염두에 두고 늘 거기서 마음을 각성시키는 것이다. '개에게도 불성이 있는가? 조주가 말하였다. '무!'라고."

이런저런 부정적인 말이 이런데도, 이런데도 하며 반복되고 있습니다만, 요컨대 자신의 모든 영위가 관념적·논리적인 사고에 함몰되지 않고, 활구로서의 무 그 자체에 항상 집중되도록 하라는 것입니다.

이것이 공안의 '활구'화와 '대오'의 요구라는 두 가지 논점을 결합시킨 것임은 분명할 것입니다. 해서는 안 되는 참구 방법을 차례차례 들어 보았습니다만, '합리적인 해석을 해서도 안 된다', '분별의식을 가지고 사고하고 헤아려서도 안 된다', '글자의 뜻·문맥에 따라 생각해서도 안 된다'라고 한 것은 '사구'적 이해를 가리키는 것이고, 또 '양미순목揚眉瞬目의 작용을 시인해서도 안 된다'고 한 것은 '작용 즉성'적 이해에 대한 비판일 것이며, '무사에 맞도록 내버려 두어서 도 안 된다'고 한 것은 '평상무사'적 이해를 비난한 것이라 할 수 있을 것입니다. 여기서도 원오의 설과의 연속성을 간파할 수 있습니다.

간화의 완성

야나기다 세이잔(柳田聖山) 선생은 「간화看話와 묵조默照」에서 대혜의 '간화선'이 조동계의 '묵조선', 특히 진헐청료眞歇淸了에 대한 비판을 중대한 계기로 하여 형성된 것임을 해명하였습니다. 매우 중요한 지적입니다만, 대혜에게 묵조 비판이 그러한 계기가 되었다는 것은 마침내 간화로 결실을 맺게 될 요소들이 이미 원오의 단계에서 갖추어져 있었다는 사실과 분리할 수 없겠지요.

이 이후 간화선은 선의 주류가 되어 널리 정착됩니다. 예컨대 원의 중봉명본中峰明本 선사는 스승인 고봉원묘高峰原妙 선사의 지도법을 다음과 같이 평했습니다. 중봉명본은 일본 중세 선종에도 커다란 영향을 미친 인물인데, 무소(夢窓) 국사도 이 사람을 깊이 존경했습니다. 거론하고 있는 것은 저 칠근포삼의 공안입니다만, 이것이 앞서 보았던 대혜가 '무'자로 깨달은 상황과 완전히 일치한다는 것은 얼핏 보아도 알 수 있을 것입니다. '활구'가 되어 버린 이상 공안은 어느 것을 어떻게 교체하든 다 똑같은 것입니다.

되돌아 생각해 보니 내 돌아가신 스승 고봉원묘 선사는 30년간 이 산 깊숙한 곳에 살면서 항상 '만법귀일萬法歸一, 일귀하처一歸何處'라는 하나의 화두(공안)에 의거하여 수행자를 지도하셨다. 말없이 이 하나를 제기하고, 고요히 이 하나를 참구하며, 한결같이 하여 끊어지는 일이 없게 하고, 외부 경계에 흔들리지 않으며, 좋고 싫음, 괴롭거나 즐거운 마음에 가리어지지 않도록 하였다. 그리고 오직 참구하는 화두(공안)만을 마음속에 담아서 걸을 때에도 앉을 때에도 여하튼 참구만을 계속하여 힘도 미치지 않고 생각도 머물지 못하는 구극처까지 참구하였을 때 돌연 마음이 타파되고 비로소 성불이라는 것을 아는 것이다. 이 방법의 유래는 오래되었다.(『天目中峰和尙廣錄』, 권상)

간화가 완성됨에 따라 개오의 가능성이 많은 사람에게 개방되었습니다. 그때까지 훌륭한 기근과 우연이라는 기연에 의지해 있던 참선이 누구라도 추체험追體驗 가능한 방식으로 규격화된 것입니다. 그러나 다른 한편으로, 이것으로 깨달음이 밋밋하고 평균적인 이념으로 변화하여 선의 개성적인 생명력이 쇠퇴해 간 것도 부정할 수 없습니다.('간화선'의 형성과 함께 선이 한계점에 달하여 민간신앙 속

에 용해되어 간 과정은 마에카와 도루(前川亨)의 「선종사의 종언과 보권의 생성」(禪宗史の終焉と寶卷の生成)에 잘 밝혀져 있습니다.)

선이 이후 중국 본토에서 새로운 사상적 발전을 갖지 못한 것, 그러나 다른 한편으로 고유의 언어나 문화의 벽을 넘어 동아시아 각지로 보급되고, 더욱이 20세기에는 서구사회에까지 전파된 것, 그 양자는 모두 이 간화의 방법이 아날로그한 문답에서 디지털한 공안으로 전환된 결과였다고 말할 수 있을 것입니다.

8. 도겐의 중국선 비판

본각과 시각을 넘어서

이상에서 당대선·마조선의 선이 송대에서도 광범위한 영향력을 행사하였으며, 간화선은 결국 그것을 비판하고 극복하는 과정에서 탄생된 것임을 알 수 있었습니다.

이 대비와 전환을 이시이 슈도(石井修道) 선생은 대혜 자신의 다음과 같은 말에 근거하여 '본각문(本覺門)'에서 '시각문(始覺門)'으로의 전환이라고 했습니다.

본각(本覺)은 '본래 갖추어져 있던 깨달음'이며, 시각(始覺)은 '가르침을 듣고 수행하여야 비로소 얻을 수 있는 깨달음'이라는 뜻인데, 대혜는 이 말을 사용하여 스스로의 선을 다음과 같이 설명했습니다.

또 "시각이 본각과 합치된 것을 부처라 한다"라고 말한다. 지금의 '시각'을 가지고 '본각'에 합치시킨다는 뜻이다. 그렇지만 사특한 무리들은 왕왕 무언묵연無言默然을 시각으로 삼고, 세계가 형성되기 이전의 상태를 본각으로 삼는다. 그러나 물론 그렇지는 않다. 그런데 그렇지 않다고 한다면 그렇다면 '각'이란 무엇인가? 만약 모두가 '각'이라면 어째서 그 위에 '미혹됨'이 있겠는가? 만약 미혹됨이 없다고 한다면 석가의 아버지가 샛별을 보고 홀연히 깨달아 내 본성이 여기에 있었던가! 라고 감동했던 일은 어떻게 설명할 것인가? 그러므로 "시각을 가지고 본각에 합치시킨다"라고 하는 것이다. 선자가 본래의 면목을 파악하였다는 것도 바로 이 도리일 뿐이다. 그리고 그것은 사람마다 본래 갖추어져 있는 것이다.(『大慧普覺禪師語錄』, 권18, 孫通判請普說)

위의 사특한 무리라는 것은 동시대 조동종의 선, 특히 진헐청료 일문을 가리킵니다. 대혜는 그것을 좌선 속의 적정에 빠진 선이라는 의미로 '묵조사선默照邪禪'이라 불렀으며 격렬하게 비난했습니다.(묵조라는 말 자체는 같은 조중동 宏智正覺의 『默照銘』에 보입니다. 그러나 대혜와 굉지 사이에는 깊은 교류가 있었다고 합니다.)

원오가 비판했던 있는 그대로의 무사선無事禪과 대혜가 비판했던 좌선에 빠진 묵조선默照禪, 양자는 오늘날 우리들의 눈으로 보면 전혀 다른 것처럼 보입니다만, 적어도 대혜의 눈에는 그것들은 한 패거리였습니다. 어쨌든 본래성(본각)에 자족하고 현실태의 자기를 극복하지 않았다는 점에서 차이가 없었던 것입니다.

대혜도 사람은 다 본래 부처였다는 대전제 위에 서 있습니다. 그러나 사람은 현실에서는 미혹되어 있습니다. 그러므로 "간화로 대오하여 미혹된 현실태의 자기를 극복하고 본래의 깨달음으로 되돌아가지 않으면 안 된다", 그것이 대혜의 주장이었습니다. '본각本覺 → 불각不覺 → 시각始覺 → 본각本覺'이라는 이 구조는 가깝게는 『벽암록』에 보인 원환 논리를 계승한 것이며, 멀리는 최초기의 이른바 '북종' 선으로(방법을 禪定에서 看話로 발전시키면서) 회귀하는 것이기도 했습니다.

앞에서도 말했듯이 이러한 원환 논리는 있는 그대로의 자기에 대한 긍정과 부정의 모순이라는 오랫동안의 과제에 응답한 것이며, 중국 선이 지닌 논리의 하나의 완성형이라고도 할 수 있을 것입니다. 훗날 『십우도十牛圖』의 구성도 이 '본각 → 불각不覺 → 시각 → 본각'이라는 원환 구조를 시각화한 것에 지나지 않습니다.

위의 일단에 대한 분석에 의거하면서 이시이 선생은 '선종 역사에 나타난 수증관修證觀'을 다음과 같이 유형화하였습니다. '수'는 '수행', '증'은 '깨달음'을 말합니다.

A. 본래가 부처이므로 모든 행위(行住坐臥)는 모두 부처가 드러난 것이다.

B. 본래가 부처이기 때문에 좌선이 필요하다. 좌선을 할 때 깨달음이 나타난다.

C. 본래는 부처이지만(理의 측면에서) 현실은 미혹되어 있으므로(事의 측면에서) 깨닫지 않으면 안 된다.

A가 당대풍의 평상무사의 선, C가 대혜의 간화선을 가리킨다는 것은 금방 알 수 있습니다. 그렇다면 '본래 부처이기 때문에 좌선'이라는 언뜻 보면 기묘한 B설은 대체 무엇을 가리키는 것일까요?

이것은 실은 '본증묘수本證妙修', '증상수행證上修行', '수증일등修證一等' 등이라 불리는 일본 도겐의 입장을 가리킵니다. 위의 세 유형은 A와 C를 지양하고 이 B가 생겨난 것을 설명하기 위해 제시한 것입니다.

도겐은 『판도화辦道話』에서 다음과 같이 말합니다.

'수행'(修)과 '깨달음'(證)이 하나가 아니라고 생각하는 것은 외도의 견해에 지나지 않는다. 불법에서는 수행과 깨달음은 하나이다. 깨달음 위에서 수행하는 것이기에 초심 수행이 그대로 본래의 깨달음 그 전체이다. 그러므로 수행의 수칙을 내릴 때 수행하는 것 외에 따로 깨달음이라는 것을 생각하지 말라고 가르치는 것도 수행 그 자체가 본래의 깨달음을 곧바로 개시하는 것에 불과하기 때문이다. 수행의 깨달음이므로 깨달음에는 끝이 없고, 깨달음의 수행이므로 수행에는 시작이 없는 것이다.(『正法眼藏』)

수행이라는 길 끝에 깨달음이 있는 것이 아니라 수행의 한걸음 한걸음이, 말하자면 부분적인 완성의 축적이 아니라 그대로 본래의 온전한 깨달음이다. 역으로 말하면 본래의 깨달음은 수행에 앞서 존재하는 출발점(本覺)도 아니고, 수행의 끝에 예정된 도달점(始覺)도 아니다. 깨달음은 본래적인 것이면서도 수행의 노정을 통해서야만 현현할 수 있으며, 그 한걸음 한걸음의 노정 위에 부단히 실현해 가지 않으면 안 되는 것이라는 것입니다.

단순화하여 말하면 '본래 부처이기 때문에 수행한다', '수행하고 있기 때문에 본래 부처이다'라고 하는 불가해한 논리이지만, 그러나 이시이 선생의 연구에 따르면 이 B의 본증묘수本證妙修는 서로 대립하는 A 본각의 선과 C 시각의 선, 이 양극을 동시에 극복할 수 있다고 하는, 이른바 선종사의 필연에서 생겨난 것이었습니다.

당대선에 대한 비판

그러므로 도겐의 저술 가운데에는 지금까지 보아 온 A의 당대적

선과 C의 송대적 선 양쪽을 모두 비판하는 글이 곳곳에 보입니다. 우선 '즉심시불 = 작용즉성 = 평상무사'라는 당대선·마조선적인(이라 해도 그것은 송대 선문에도 광범위하게 정착되어 있던 것입니다만) 것에 대한 비판부터 보기로 합시다. 『판도화』는 18조의 문답을 설정하여 논의를 진행하고 있는데, 그 16조에 다음과 같은 말이 보입니다.

> 질문: 어떤 사람이 말했다. "'마음이 곧 부처'라는 말의 뜻을 깨달으면 입으로 경전을 암송하지 않고 몸으로 불도를 행하지 않아도 불법에는 전혀 부족함이 없다. 불법이 원래 자기에게 있다는 것을 알면 그것이 완전한 득도이다. 그 밖에 따로 다른 사람에게서 찾으려 해서는 안 된다. 하물며 좌선 수행의 노고가 무슨 소용이 있겠는가?'
> 답: "이 말은 가장 무익하고 쓸모없는 것이다. 만약 네 말대로라면, 마음을 가진 자라면 누구나 가르치기만 하면 깨달아야 하지 않겠는가? 그러나 불법이라는 것은 자타의 분별을 모조리 다스려야 한다는 것을 알아야 한다. 자기가 곧 부처라는 것을 아는 것이 득도라고 한다면 옛날 석존이 교화의 수고로움을 무릅쓰지는 않았을 것이다."(『正法眼藏』)

"불법은 원래 자기에게 있다. 즉심시불 하나만 깨우치면 경전 독송이나 좌선 수행법도 필요 없다", 어떤 사람의 설이라 되어 있지만 마조식의 '즉심시불 = 평상무사'설을 지적한 것이라는 사실은 일목 요연할 것입니다. 그러나 도겐은 이를 인정하지 않습니다. 있는 그 대로의 자기의 있는 그대로의 시인이라는 생각, 그것은 도겐으로서 는 도저히 받아들일 수 있는 것이 아니었습니다.

『정법안장』「즉심시불편」에는 "그렇다면 '즉심시불'이란 발심發 心, 수행修行, 보리菩提, 열반涅槃의 여러 부처이다. 아직 발심수행보리 열반이 되지 않으면 '즉심시불'이 아니다"라고 말합니다. '불佛'이라 는 것은 부단한 수행 위에서 한 순간 한 순간 실현하여 가는 것이지, 아무것도 하지 않으면서 있는 그대로 존재하는 것은 아닙니다. 도겐 에게는 '즉심시불'도 앞에서 본 '본증묘수'의 다른 이름에 불과할 따 름이었습니다.

즉심시불 = 평상무사가 잘못된 것이라면 물론 이것과 일체인 작 용즉성 또한 괜찮을 리가 없습니다. 『정법안장』「즉심시불편」에서 는 다음과 같은 설을 '선니외도先尼外道의 견해(見)'로서 통렬하게 비판 하고 있습니다.(같은 비판은 『판도화』에도 보입니다.)

모든 고락을 판별하고, 몸소 차고 따뜻한 것을 알며, 통증이나 가 려움을 분명하게 감지하는 것. 그것은 어떤 것에도 방해받지 않 으며, 어떤 외경外境과도 관계하지 않는다. 사물은 오고 가며 외경 은 일어났다 사라지지만, 그 영지靈知는 항상 실재하여 변하는 일이 없다. 영지는 넓게 이르며 거기에는 범부·성인·살아 있는 것의 간격이 없다.

'소소영령하게 있는 것, 그것을 각자覺者, 지자知者의 성性'이라고 한다. 이것을 '부처'라 하고 '깨달음'이라고 한다. 자기에게도 타자에게도 균등하게 갖추어져 있으며, 미혹된 자에게도 동일하게 통하고 있다.

여기서 비판하는 것은 온 몸으로 차가움과 따뜻함, 통증을 선명하게 지각하는 생리적인 감각작용, 그것이 그대로 불성·본성이라는 설입니다. 이것이 작용즉성설을 가리키고 있다는 것은 말할 것도 없습니다. 소소영령이라는 말이 작용즉성설에서 작용을 형용하는 것이라는 것은 이미 『벽암록』에서 보았습니다.

도겐이 비판하는 작용즉성설은 단순히 작용과 본성을 무매개로 등치시키는 것만이 아니라, 나아가 그 본성이 육체의 생사를 넘어서 영속한다고 하는, 말하자면 작용즉성과 신불멸神不滅을 결합한 것이었습니다.

지금 그 문제는 다루지 않겠습니다만, 도겐이 '즉심시불 = 작용즉성 = 평상무사'라는, 당대선·마조선의 선을 일관되게 비판한 것은 분명할 것입니다.

송대선에 대한 비판

그러나 그러한 비판은 이미 원오나 대혜가 명확하게 기술하였습니다. 이것만이라면 별로 특별할 것이 없습니다. 선종사에서 도겐 주장의 새로운 점은 당대선(본각의 선)뿐 아니라 당대선의 극복을 추구한 송대선 특히 대혜의 간화선(시각의 선), 그 양자를 동시에 극복하고자 한 것에 있습니다.

> 작금 대송국의 대머리 방주가 말한다. "개오開悟야말로 본래 추구해야 할 것이다." 그렇게 말하면서 헛되이 깨달을 때를 기다리고 있는 것이다. 그러나 그렇게 해서는 불조佛祖의 빛이 비치지 않는 것과 같다. 진정한 스승 곁에서 익혀야 할 것을 익히지 않고 게으름을 피우며 시간만 보내고 있다. 그렇게 해서는 불법이 세상에 나타나도 구원할 수 없을 것이다.

이것은 "깨달음으로 칙則을 삼는다"라고 설파한 대혜의 '시각' 입장을 가리킨 것입니다. 『정법안장수문기正法眼藏隨聞記』에는 도겐의 다음과 같은 말을 적어 두었습니다.

> '공안·화두'를 보고 몇 가지 깨달은 것이 있는 듯지만, 그것은 오히려 불조의 도에서 멀어지는 연에 지나지 않는다. 얻을 것도

없고, 깨달을 것도 없으니, 단정하게 좌선하며 시간을 보내는 것, 그것이야말로 불조의 도인 것이다. 고인도 간화와 지관타좌只管打坐를 함께 권하였다고는 하지만 역시 좌선 쪽을 한결같이 권했다. 화두를 가지고 깨달음을 연 사람도 없지는 않지만 그것 또한 좌선의 공적에 의한 것이다. 참공적은 바로 좌선에 있는 것이다.

"도를 배움에 가장 중요한 것은 좌선이다", "그렇다면 배우는 사람은 오직 좌선할 뿐 다른 것은 하지 말라. 불조의 도는 오직 좌선일 뿐이다"라고 한 것도 그 가운데 하나입니다. 도겐이 지관타좌(本證妙修)를 간화(始覺)의 대립항으로 생각했음을 알 수 있습니다.

『벽암록』에서 보았듯이, 공안·화두를 보는 선은 고인의 어구를 활구로 간주할 수밖에 없습니다. 그러므로 활구 또한 당연히 도겐의 지탄을 면할 수는 없었습니다. 다음은 도겐이 송宋에서 보았던 무리회화無理會話의 유행을 비난한 것입니다. 리회理會는 이해한다는 뜻으로, 따라서 무리회화는 이해할 여지가 없는 말, 결국은 활구를 말합니다.

현재 대송국에 터무니없는 무리들이 있다. 그들이 지금은 무리를 이루어서 작은 진실로는 도저히 격퇴할 수가 없다. 그들은 "동산東山이 물 위를 간다"라고 한 운문의 공안, "이 낫(鎌)은 잘 잘린다"라고 한 남전의 공안, 그것들을 모두 '무리회화'라고 한다. 즉 이

런저런 사려와 관련된 말은 불조 선의 말이 아니고, 무리회화야
말로 불조의 말이라는 것이다. 황벽의 봉타棒打나 임제의 대갈大喝
등은 모두 이해가 미치지 않는, 사려와 관계가 없는 말이라 하고,
그것을 세계가 생성되기 전의 대오라 칭한다. 고덕古德의 방편은
대체로 갈등을 끊는 말을 사용하는 것에 있다고 한 것도 결국은
이 '무리회화'를 가리키는 것이다.

도겐은 이런 풍조를 "송토宋土는 가까이 2~3백 년부터 이 모양이
니 이처럼 마자魔子·육군독자六群禿子(머리만 깎은 속물)가 대부분이다.
가엽구나. 불조의 대도가 폐한 것이다.(불치병에 걸렸다.) 이것들이
이해한 것은 소승성문小乘聲聞에도 미치지 못하니 외도보다 어리석
다"라고 통렬하게 비판했습니다.

도겐은 남송 말기에 송으로 건너갔습니다. 즉 당대─송대를 잇
는 선 역사의 마지막 시기에 중국 본토의 선문에 몸을 던진 것입니
다. 현실적인 문제로서 그의 눈앞에 있었던 것은 대송국에서 직면했
던 대혜계 간화선(始覺의 선)의 석권과 그럼에도 불구하고 뿌리 깊게
남아 있던 당대풍의 있는 그대로의 선(本覺의 선) 풍조, 그리고 귀국
후 자신의 문하에 집단으로 흘러들어 온 이른바 '일본달마종日本達磨
宗'의 선이었습니다.

일본달마종에 관해서는 그 조祖인 다이니치보 노닌(大日房能忍)이 대혜종고의 제자인 불조덕광佛照德光에게서 법통을 이어받았으므로 처음에는 어쨌든 송대 간화선의 계통을 이었을 것이라 상상했습니다.(앞에서 인용한 『정법안장』「大悟편」에는 '悟道是本期'를 주장하는 '待悟'선을 비판하면서, '불조의 광명이 비치지 않는 것' 같다고 했습니다. 이 표현은 어쩌면 불조덕광의 이름을 빗댄 것이 아닐까요?)

그러나 이시이 선생 등의 연구에 의해 그렇지 않다는 것이 확실해졌습니다. "행함도 없고 수행도 없으며 본래부터 번뇌도 없고 원래 보리였다", 그렇게 말하는 사설邪說이라고 에이사이(榮西)가 늘 비난하였듯이 일본달마종의 선은 오히려 전형적인 있는 그대로의 선(本覺禪)이었던 것입니다.

본증묘수란

즉 도겐은 유구한 선의 역사에서도, 또 눈앞에 직면한 현실문제에서도 서로 대극을 이루었던 당대선과 송대선을 동시에 상대하지 않으면 안 되는 위치에 서 있었던 것입니다.

도겐의 전기에는 도겐이 에이잔(叡山)을 나와 에이사이 문하로 들어가게 된 계기로서 다음과 같은 '의문덩어리'(疑滯)가 반드시 등장합니다.

만약 본래부터 법신法身, 법성法性이라면, 제불諸佛은 무엇 때문에
발심發心, 수행修行하게 하였는가?

"모든 경전(一切經)에는 '본래본법신本來本法身, 천연자성신天然自性
身'(사람은 본래 부처이다)이라고 쓰여 있다. 그런데 왜 여러 부처들은 발
심하고 수행하였는가" 하는 의문입니다.

이 문제는 이미 중고천태中古天台에서 해결되었다는 평가도 있습
니다만, 교리학적으로 결론이 나 있는 것과 살아 있는 자기 문제로
서 해결하는 것은 별개일 것입니다. 나는 이 의문덩어리가 위에서
말하는 당대선과 송대선의 모순을 상징적으로 보여 주는 것이라는
생각을 그만둘 수 없습니다. 후세 전기 작자들이 만들어 낸 이야기
겠지만, 그것은 그것대로 도겐이 직면했던 선종사에서의 과제를 잘
포착한 우화라 할 수 있겠지요.

'본래 부처이므로 수행한다', '수행하고 있으므로 본래 부처이다'
라는 도겐의 이 특이한 논리는 '본래 부처이므로 수행 따위는 하지
않고 있는 그대로 있는 것이 좋다'라는 '당대선'과 '본래 부처이지만
현실은 미혹되어 있으므로 수행하여 깨달음을 열어가지 않으면 안
된다'라는 '송대선', 그 두 선사상 사이의 모순을 부단한 수행으로
한 순간 한 순간에 지양하려는 것이었습니다. 있는 그대로의 자기에
대한 긍정과 부정의 모순이라는 오랜 과제를 해결하기 위해 송대선

의 원환 논리와는 별개인, 또 하나의 논리를 제시하려 한 것이라 할 수 있겠지요.

'본각本覺'(正) → '시각始覺'(反) → '본증묘수本證妙修'(合)라는 변증법, 그것은 관념상에서 사변적으로 생각한 것이 아니라 선종사의 현실 위에서 실천적으로 생각해 낸 것이며, 또 동시에 그것은 실천을 통해서밖에 성립할 수 없는 것이었습니다. 만약 순수하게 이론적으로만 생각한다면 거기에는 수행하지 않을 때 '본증'은 어디에 있는지를 설명하지 못하는 치명적인 결함이 있습니다. 그러나 만약 도겐에게 그런 질문을 하면 한갈등閑葛藤의 관념론이라고 일축해 버릴 것입니다. 수행하지 않을 때가 없으면 그런 것은 처음부터 생각할 여지가 없습니다. 그런 의문을 품었다는 것은 수행하지 않았다는 가장 명백한 증거이기 때문입니다.

본증묘수는 수행하지 않을 때가 한순간도 없고, 수행하지 않는 장소가 한군데도 없는, 말하자면 불도가 부단히 행해지는 세계, 그것을 현실에 구축하고 운영하는 것과 불가분의 관계에 있습니다. 『정법안장』의 저술이 대부분 에이헤이지(永平寺)를 개창하기 이전 시기에 집중되어 있고, 그 이후는 『영평광록永平廣錄』에 남아 있듯이, 한문을 사용하며 정례적으로 상당上堂을 계속하거나 승당僧堂 운영에 관한 각종 규칙을 성문화하는 일에 심혈을 기울인 것도 참으로 그 증표가 아닐까 생각합니다. 만약 누군가 인터뷰에서 '당신의 대표작

은? 하고 묻는다면 도겐 선사는 반드시 『정법안장』이 아니라 '에이
헤이지'(永平寺)라 대답하지 않겠습니까?

무와 근대 — 스즈키 다이세쓰와 20세기의 선

최종회는 훌쩍 건너뛰어 20세기 이야기입니다.

물론 시간과 거리를 건너뛰었다고 선의 흐름까지 건너뛴 것은 아닙니다.

송대선은 동아시아 각지로 전파되어 일본에도 전해졌으며, 20세기에는 일본에서 서구사회로 확산되었습니다. 원래 중국 종교였던 '선禪'이 오늘날 'Chan'이라는 중국어가 아니라 'Zen'이라는 일본어 발음으로 불리게 된 것에도 그러한 경위가 잘 나타나 있습니다.

1. 무자와 척수

『몽십야』와 조주무자

나쓰메 소세키(夏目漱石)의 『몽십야夢十夜』을 읽어 보신 분은 적지 않을 것입니다. 그 두 번째 밤에 다음과 같은 일절이 있었던 것을 기억하고 계신지요?

> 단도를 칼집에 넣어 오른쪽 겨드랑이에 바짝 당겨 놓고 가부좌를 틀었다. "조주는 무라고 말했다. 무란 무엇인가. 이 땡중이!" 하며 이를 갈았다.
> 어금니를 꽉 깨물었더니 코에서 뜨거운 숨이 거칠게 뿜어져 나왔다. 관자놀이가 경직되어 아프다. 눈은 평소보다 배나 더 크게 떠졌다.

주인공은 좌선하면서 저 조주무자趙州無字 공안과 씨름하고 있습니다. 조주무자가 송나라 대혜의 간화선에서 가장 많이 사용된 공안이라는 것은 말할 필요도 없습니다. 무자 공안은 일본에서는 오직 『무문관無門關』이라는 작은 책자에 근거하여 참구되었습니다. 남송의 무문혜개無門慧開 선사가 편찬한 아주 간략한 공안집입니다.

조주화상에게 한 승려가 물었다. "개에게는 불성이 있겠는가, 없겠는가?" 주가 말하였다. "무!"

이 공안을 제1칙으로 다루면서 무문은 다음과 같이 말했습니다.

자, 이 관문을 돌파하고자 하는 자가 있을 것이다. 그러기 위해서는 뼈 마디마디, 모공 하나하나, 몸 전체가 의심덩어리를 일으켜 '무' 한 자를 참구해야 한다. 밤낮으로 참구하는데 허무의 무로 이해해서도 안 되며 있고 없음의 무로 이해해서도 안 된다. 붉게 달구어진 철구슬을 삼키고는 뱉으려 해도 뱉을 수 없게 된 것처럼, 지금까지의 나쁜 지견을 모두 완전히 없애는 것이다. 그렇게 하면 천천히 숙성되는 가운데 저절로 안과 밖이 하나가 된다. 그것은 말을 하지 못하는 사람이 꿈을 꾼 것처럼 오직 자신만이 수긍할 수밖에 없는 경지이다. 그리고 거기가 갑자기 타파되면 그 뒤는 관우장군의 대도를 내 손에 빼앗아 든 것처럼, 부처를 만나면 부처를 죽이고 조祖를 만나면 조를 죽이며 생사의 언덕에서 대자재大自在를 얻어 육도윤회六道輪廻의 한가운데서 기탄없이 유희를 즐길 수가 있을 것이다. 그렇다면 이 '무' 한 자에 어떻게 대적하면 좋겠는가? 평소의 기력을 남김없이 사용하여 이 '무' 한 자만을 생각하는 것이다. 끊임없이 그렇게 해 나가면 어느 순간 부처 앞의 등명燈明처럼 거기에 활활 등불이 타오를 것이다.(『無門關』, 제1칙, 趙州狗子)

소세키 선생(1867~1916)이 가마쿠라(鎌倉) 엔가쿠지(圓覺寺)에서 참선하는 경험을 가진 것은 소설 『문門』에도 투영되어 있습니다. 메이지 27년(1894) 12월 23일 또는 24일부터 다음 해 1월 7일까지의 일로, 사사師事했던 사람은 메이지 시기 최고의 고명한 고승 소엔(宗演) 선사(1859~1919)였습니다. 이전에 가마쿠라 도케이지(東慶寺)의 보물관에서 소엔 선사에게 참선했던 사람들의 명부를 전시해 둔 것을 본 적이 있었는데, 마침 '夏目金之助'(나쓰메 긴노스케)라 쓰인 페이지가 보이도록 놓여 있었습니다.

소엔 노사는 『무문관』의 제창提唱에서 무자에 대해 다음과 같이 말씀하셨습니다.

무란 없다는 뜻을 지닌 글자인데 과연 없다는 뜻일까? 유무有無의 무인가? 아니면 단무斷無의 무인가? 어떤 무인가?(『無門關講義』)

참선공부란 단지 방석 위에 앉아 있는 것만으로는 충분하지 않다. 밤낮의 간격이 있어서도 안 되며, 일어나고, 자고, 먹고, 용변을 보고, 대응하고, 일을 하는, 일체의 시간, 일체의 장소에서 무자삼매無字三昧를 이루는 것을 말한다.(『無門關講義』)

"조주의 '무'는 있나 없나 하는 물음에 '없다'라고 대답하는 것이 아니다. 있고 없고를 넘어선 절대적인 '무'를 나타내는 것이며, 논리

를 버리고, 온종일(二六時中) 이 '무' 그 자체가 되지 않으면 안 된다",
이 설의 근거는 『무문관』이며, 『무문관』이 대혜 사상에 입각해 있다
는 것은 말할 필요도 없습니다.

『몽십야』 제2야에서 주인공은 노선사의 질타나 조소에 이를 갈
면서도 완전히 이 '무' 자가 되기 위해 필사적으로 좌선을 합니다.
그러나 그렇게 하면 할수록 오히려 마음은 흐트러지고 끝없는 혼미
와 번민에 시달리게 됩니다. 그 고민과 초조를 『몽십야』는 다음과
같이 묘사하고 있습니다.

나는 주먹을 꽉 움켜쥐고 내 머리를 아플 만큼 후려쳤다. 그리고
어금니를 꽉 물었다. 양 겨드랑이에서 땀이 난다. 등이 뻣뻣해졌
다. 무릎관절이 갑자기 아파온다. 무릎이 부러진들 대수냐는 생
각이 들었다. 그러나 아프다. 괴롭다. 무는 좀처럼 나타나지 않는
다. 나타난다고 생각하면 곧바로 아파온다. 화가 난다. 원통하고
비참하다. 눈물이 뚝뚝 떨어진다. 깨달을 수만 있다면 몸을 거대
한 바위에 내던져 뼈와 살이 엉망진창으로 부서져도 좋겠다.
그래도 참고 가만히 앉아 있었다. 참을 수 없는 답답함을 가슴에
품고 인내했다. 그 답답함이 근육을 자극하며 땀구멍을 통해 밖
으로 뿜어져 나오려고 했지만 사방이 꽉 막혀서 마치 출구가 없
는 것 같은 극히 잔혹한 상태였다.
그러는 사이 내 머리가 이상해졌다. 등불도, 부손(無村)의 그림도,

다다미도, 선반도, 있는 것 같기도 하고 없는 것 같기도 했다. 그런데도 무는 나타나지 않았다. 그저 앉아 있었던 것 같다. 마침 그때 갑자기 옆방에서 시계가 징 하고 울리기 시작했다.

아차 싶었다. 오른손을 곧 칼집에 댔다. 시계가 두 번째 징 하며 소리를 내고 있었다.

하쿠인의 선—간화선의 체계화

읽는 것만으로도 가슴이 답답해집니다. 이렇게까지 자신을 옭아매면서 주인공은 무엇을 원하고 무엇을 추구한 것일까요? 일본론의 고전으로 유명한 루스 베네딕트의 『국화와 칼』에 나오는 다음 한 단락은 위의 묘사와 잘 어울리는 주석입니다.

어떻게 해서든 '깨달음'을 얻고자 하는 제자들에게 계기를 부여하기 위해 가장 즐겨 사용하는 기술은 '공안'이었다. 직역하면 '문답問答'이다. 이 문답은 천칠백 가지에 이른다고 한다. 이 공안집의 문답 하나에 7년이라는 세월을 보내고 마침내 해답을 발견한 수행승이 있었다. 그러나 공안집의 목적은 그러한 7년 세월 따위는 전혀 문제 삼지 않는다. 논리적인 해답 또한 처음부터 바라지 않는다. 그 중 하나는 '한 손바닥으로 친 박수 소리를 상상하기에는' 또는 '임신되기 전에 어머니를 사모하는 마음을 느끼기에는', 그 밖에도 '자신의 시체를 업고 걷는 자는 누구인가?', '나를 향해 다가오는 자는 누구인가?, '모든 것은 하나로 돌아간다. 이 하나는 어디로 돌아가는가? 등과 같은 것이 있다. 이 공안은 12세기, 13세기보다 더 이전에는 중국에서 사용되었고, 일본은 선종을 받아들이면서 이 공안도 함께 받아들였다. 그런데 대륙에서는 이것이 쇠퇴해 버렸지만, 일본에서는 '연달練達' 훈련으로서 매우 중요한 위치를 차지하고 있다. 선의 지침서는 이것을 극단으로까지 진지하게 다룬다. '공안에는 인생의 딜레마가 감추어져 있다.' 지침서에 따르면 공안의 해답을 모색하는 자가 조우하는 궁지는 '빠져나갈 구멍이 없는 쥐', '목구멍에 뜨거운 철구슬을 삼킨 사람', '강철을 물려는 모기' 등이 직면한 궁지이다. 이 인물은 나를 잊고 또 발버둥질 친다. 결국 그의 머리와 공안을 가로막고 있던 '보는 나'의 막이 스르륵 떨어지고 일순의 섬광 속에서 머리와 공안이 합치한다. 그것으로 '깨달은' 것이다.

『국화와 칼』 제11장 「수양修養」은 누카리야 가이텐(忽滑谷快天, 1867~1934)과 스즈키 다이세쓰(鈴木大拙, 1870~1966)의 영문저작을 원용하면서 선의 해설에 많은 지면을 할애하고 있습니다. 위의 인용문은 그 일부로서 송대에 완성된 공안선, 특히 간화선 방법이 잘 요약되어 있다고 생각합니다.

공안이 몇 개인가에 대해서는 위에 "천칠백 있다고 한다"라고 적혀 있습니다. 확실히 중봉명본中峰明本의 어록에도 '천칠백의 한언

장어閑言長語'라든가, '천칠백千七百 칙則의 갈등'과 같은 표현이 보입니다. 그렇지만 '천칠백'이라는 것은 실수實數가 아닙니다. 그것은 원래 북종 초기에 편찬된 『경덕전등록』에 기록된 선승의 수였습니다.(제가 세어 본 적은 없습니다만, 서문에 '모두 52세, 천칠백일 인'이라 적혀 있습니다.) 그래서 가나자와(金澤)라 하면 '백만百萬 석石', 오에도(大江戶)라 하면 '팔백팔八百八 조(町)'라 하듯이 공안이라 하면 '천칠백'이라고 하는 것이 상투어가 된 것입니다.

그런데 위의 한 단락에서 '한 손바닥으로 친 박수 소리를 상상하기에는'이라고 한 것이 에도시대 유명한 고승, 하쿠인 에카쿠(白隱慧鶴) 선사가 만든 '척수隻手' 공안이라는 것을 알아챈 사람은 많을 것입니다. '두 손바닥을 부딪치면 소리가 난다, 그렇다면 한 손바닥이 내는 소리는 어떠할까? 한어로는 두 개가 짝을 이루는 것을 '쌍雙'이라 하며, 그 가운데 한쪽을 '척隻'이라 합니다. 샐린저(Salinger, 1919~2010)의 소설 『아홉 가지 이야기』의 첫머리에 실려 있는 다음 글은 이 척수 공안을 영역한 것입니다.

We know the sound of two hands clapping
But what is the sound of one hand clapping?

'one hand clapping'(척수의 박수 소리)은 오늘날 해외에 가장 널리 알려진 공안일지도 모릅니다. 여기서도 선이 일본발日本發로 서양에 전해진 역사를 엿볼 수 있습니다.

하쿠인은 자신이 무자를 참구한 경험을 바탕으로 이 공안을 안출하게 된 경위를 '척수 소리'(隻手音聲)라는 가나법어(假名法語)로 다음과 같이 말하고 있습니다.

저는 열다섯 살에 출가했습니다. 스물서넛쯤에 대분지大憤志를 일으켜 밤이고 낮이고 오직 무자 공안을 염제拈提하였습니다. 스물넷의 여름, 에치고(越後) 다카다(高田)의 에이간지(英巖寺) 섭심攝心 때, 어느 날 밤 멀리서 울리는 종소리를 듣고 갑자기 깨닫는 바가 있었습니다. 그 이후 45년간 인연이 닿은 모든 사람에게 부디 한 번이라도 견성見性체험을 하여 대사투탈大事透脫의 힘을 얻으라고 권하였고, 혹은 자기 심성의 근원에 대해 의문을 가지게 하거나, 혹은 조주무자 공안으로 공부를 시키는 등, 여러 방법으로 지도해 왔는데, 그동안 견성한 사람들은 남녀노소 승속을 합쳐 수십 명에 이릅니다.

그리고 이 56년 이후는 생각하는 바가 있어서 "척수의 소리를 들어라"라고 가르치고 있습니다만, 지금까지와는 달리 누구라도 쉽게 의문(疑團)을 일으켰고, 공부도 하기 쉬웠던 모양으로 종전의 공안과 비교해 그 효과에는 큰 차이가 있었습니다. 그래서 지금은 오직 척수 소리 공부만을 권하고 있습니다.

척수의 공부란 무엇인가요? 지금 두 손바닥을 모아서 치면 짝하고 소리가 나지만, 한 손바닥만을 들어서는 아무 소리도 나지 않습니다. 『중용』에는 "가장 상층의 공부는 소리도 없고 냄새도 없다"라는 말이 있는데, 이런 것을 일컫는 것일까요? 또 요곡謠曲 「야만바」(山姥)에는 "깊고 텅 빈 계곡, 나뭇가지 사이로 울리는 메아리만이 그 소리 없는 소리를 듣는 인연이 되니, 소리 없는 계곡에 내 마음이 이끌리네"라는 구절이 있는데 이것도 이런 비요祕要를 말한 것입니다.

공안의 대다수는 과거 선승의 문답을 활구로 바꾸어 공안으로 전용한 것입니다. 그러나 척수의 경우는 처음부터 공안으로 만들어졌다는 점이 독특합니다. 원래 의미가 있었던 문답을 의미를 잘라내어 활구로 바꾸어 가는 것보다 처음부터 활구 그 자체로 만들어진 것이 의문(疑團)을 일으키기에 효과가 훨씬 좋았던 것이지요.

대혜가 창출한 간화선은 일본에 전해져 에도시대 하쿠인에 이르러 더욱 체계적으로 조직화되었습니다. 하나의 공안을 참구하여 그것으로 깨닫고 끝나는 것이 아니라 계제적階梯的·계통적으로 배열된 다수의 공안을 순차적으로 참구하는 방법입니다. 오늘날에도 실내의 비전祕傳이라는 성격이 강하여 문 밖에서 그 내실을 엿볼 수는 없습니다만, 아키즈키 료민(秋月龍珉)이 쓴 『공안』의 해설에 따르면, 그 전체는 '법신法身·기관機關·언전言詮·난투難透·향상向上'의 다섯 단계로 이루어져 있고 그 위에 마지막 마무리로서 '동상오위洞上五位',

'십중금계十重禁戒'라는 단계가 있는 것 같습니다. 각 단계에는 다수의 공안이 배당되어 있고 각 공안에 다시 '찰처拶處'라는 다양한 응용문제가 첨부되어 있다고 하는데, 권말의 부록 「월계越溪─화산하실내 공안체계禾山下室內公案體系」에 그 실례를 볼 수 있습니다. 문고판 후기에 따르면 이것이 활자로 공개되는 것만으로도 대단한 일인 것 같습니다만, 그러나 이것을 본다고 해서 우리가 무엇을 어떻게 해야 할지 판단할 수는 없습니다. 역시 옳은 스승을 따라 실참실구實參實究를 하지 않으면 안 되겠지요.

2. 다이세쓰의 선체험

소세키, 그리고 다이세쓰 · 니시다

나쓰메 소세키나 스즈키 다이세쓰, 니시다 기타로(西田幾多郎, 1870~1945) 등의 근대지식인이 매진한 것도 그러한 하쿠인의 선이었습니다.

소세키 선생의 참선은 반달 정도로 끝났습니다만 선에 대한 관심은 오래도록 지속되었습니다. 만년 『명암明暗』의 집필과 병행하여 매일 한시를 지었다고 하는데, 뒤로 갈수록 선어를 많이 사용하고 있습니다. 사이토 마레시(齋藤希史) 선생은 『한문맥과 근대』(漢文脈と近

代)라는 책에서 이 일을 언급하며, 소세키의 한시를 '문명사회에 대한 대항원리로서의 한적閑適'을 표현한 것이라 해석하고, 다음과 같이 지적하였습니다.

그때 선가의 구절이 시에 나타난 것은 너무나도 상징적이었습니다. 실제로 세속적인지 어떤지는 별도로 소세키의 한시에 선적인 요소가 점차 농후해져 간 것은 분명하겠지요. 원래 소세키는 선에 관심이 있었으며 참선도 했습니다만, 한시를 통해 선을 본격적으로 표현하기 시작한 것은 역시 『명암』 이후입니다. 문명사회 그 자체에 대한 대항원리가 되면 단순한 한적만으로는 약합니다. 산수화를 걸어 두고 여유자적하기만 하면 된다고 할 수는 없었던 것이지요. 선의 경지는 그런 의미에서는 강력한 대항원리가 될 수 있었습니다.(NHK북스, 2000)

'문명사회에 대한 대항원리'로서의 선이라는 것은 소세키뿐만 아니라 근대에 있어서의 선을 생각할 때 극히 중요한 지적이라고 생각합니다. 이 점에 대해서는 뒤에 다시 다루겠습니다.

한편 다이세쓰나 니시다는 오랫동안 선을 참구하였습니다. 오늘날 임제종인 스승 문하에서 하쿠인선을 참구할 경우, 처음에 위의 조주무자라든가 척수 소리의 공안이 주어지는 것이 일반적이라고 합니다. 다이세쓰나 니시다도 그 예외는 아니었습니다.

니시다 기타로와 스즈키 다이세쓰는 둘 다 메이지 3년 가가(加賀) 태생이며, 십 대에 제4고등중학교에서 학우가 된 이래 평생 친우였습니다.

그들이 선을 접하게 된 것은 호조 도키유키(北條時敬)라는 수학 선생에게 감화를 받아서였습니다. 호조 선생은 후에 히로시마 고등사범 교장, 도호쿠(東北) 제대의 총장, 가쿠슈인(學習院) 원장을 역임한 유명한 교육자였습니다. 또 동시에 일찍이 가마쿠라(鎌倉) 엔가쿠지(圓覺寺)의 이마키타 고센(今北洪川, 1816~1892) 노사를 따라 참선한 본격적인 거사(재속 수행자)이기도 했습니다. 이 선생은 니시다를 매우 사랑하여, 선생 집에 기숙하게 했습니다. 니시다는 그 무렵의 추억을 다음과 같이 회상하였습니다.

내가 선생 댁에 기거했을 무렵이라고 생각한다. 하루는 도쿄에서 T군이 와 선생과 한담을 나누고 있었는데 선생께서는 말없이 나와 T군에게 『원라천부遠羅天釜』 한 권을 주셨다. T군이 선이란 대체 무엇인지를 물으니 선생님께서는 옆구리에 칼을 꽂을 용기가 있으면 하라는 뜻의 말씀을 하셨다. 단지 그것뿐이었다.(「北條先生に始めて教を受けた頃」, 『西田幾多郎隨筆集』, 巖波文庫, 1996)

『원라천부』도 하쿠인의 가나법어 중 하나입니다. 니시다는 이후 본격적으로 참선에 착수하게 됩니다. 후에 도야마(富山)의 고쿠타이지(國泰寺) 세쓰몬(雪門) 화상을 뵈었을 때는 처음에는 '무자無字'를 부여받았고, 도중에 그것을 '척수隻手'로 바꾸었습니다. 다음으로 찾아간 교토(京都) 다이토쿠지(大德寺)의 고주(廣州) 선사에게 다시 무자를 받아 결국 그것을 돌파하였습니다만, 그러나 그날의 일기에는 "밤에 홀로 무자를 참구하도록 허락받았다. 그러나 나는 그다지 기쁘지 않았다"라고 적고 있습니다. 선의 체험만으로는 해결할 수 없는 근대적인 문제의식이 이미 깊어졌기 때문이겠지요.

한편 다이세쓰는 가정형편이 어려웠으므로 일찍이 학교를 중퇴했습니다. 니시다에게 호조 선생의 이야기를 전해 듣고 선에 관심을 가졌으며, 홀로 고쿠타이지를 방문하기도 하였습니다만, 그때는 어떤 단서도 얻지 못하고 맥없이 집으로 돌아왔다고 합니다.

다이세쓰가 본격적인 참선을 시작한 것은 도쿄를 떠나면서입니다. 메이지 24년(1891) 6월, 가마쿠라 엔가쿠지에서 먼저 이마키타 고센 노사를 따라 선 수행을 시작했습니다만, 다음 해 선사가 천화하셔서 그 뒤를 이은 소엔(宗演) 선사 곁에서 참선을 계속했습니다. 소엔 선사는 임제선의 정통 사가師家는 아니었습니다만, 선문 전통 속에 머물지 않고 선의 근대화·국제화에 커다란 족적을 남긴 인물입니다. 다이세쓰는 뒷날 그 활약상을 다음과 같이 기록하였습니다.(井上禪定, 『釋宗演傳』, 禪文化研究所, 2000)

소엔 선사의 생활은 꼭 전통에 속박된 것은 아니었다. 선 수행을 마치자 게이오 의숙(慶應義塾)에 입학하였고 그다음에 석란錫蘭(스리랑카)으로 가서 남방불교를 생활을 통해 배웠다. 귀국하고 나서는 선당에서 탁발승(雲水)을 지도하는 일에만 몰두하지는 않았다. 적당한 후계자를 얻고 나서는 도케이지(東慶寺)로 은퇴하여 여러 삶들을 교화하는 일에 하루가 부족하다 할 정도였다. 스승은 또 중국에도 서구에도 행각했다. 외국인 제자도 있었다. 이토록 넓게 행화의 길을 남긴 것은 근대의 선승으로서도 불교도로서도 드문 일이었다.(鈴木大拙, 『鈴木大拙全集 第26卷─今北洪川』)

'선'이 서양사회로 전파되게 된 것도 메이지 26년(1893), 시카고 만국박람회의 일부로 개최된 만국종교회의에 소엔 선사 등이 강연을 한 것이 그 발단이었습니다.

그다음 해, 메이지 27년(1894) 말, 소세키가 소엔 선사를 뵙고 엔가쿠지 안에 있는 기겐인(歸源院)에 기숙하게 되었을 때, 거기에는 이미 젊은 다이세쓰가 머물고 있었습니다. 『문門』에 다음과 같은 단락이 있습니다만, 주인공 소스케(宗助)는 소세키 자신의 투영, 거사는 젊은 다이세쓰, 그리고 두 사람을 보살피고 있는 기도(宜道)라는 스님은 훗날 소엔 노사의 뒤를 이어 활약한 소카쓰(宗活)입니다.

이 거사는 산으로 와 벌써 2년이 되었다던가, 뭐 그런 이야기였

다. 소스케는 그로부터 2, 3일이 지나 처음으로 이 거사를 보았는데 그는 좀 경박한 나한과 같은 얼굴을 한 태평스러운 남자였다. 가는 무를 서너 개 손에 들고 와 오늘은 맛있는 음식을 사 왔다고 하면서 기도에게 요리하게 해 먹었다. 기도도 소스케도 대접을 받았다. 이 거사는 얼굴이 스님처럼 생겨서 때때로 승당의 무리들과 어울려 마을에 공양을 나가는 일이 있다고 하며 기도가 웃었다.(『世界の禪者─鈴木大拙の生涯』)

다이세쓰 자신은 이 무렵의 일을 이렇게 회상하고 있습니다. "26년 봄, 기겐인에 기숙했던 때였던가? 기겐에는 소카쓰 화상이 있었다. 훗날 양망암兩忘庵이다. 고센 선사의 거사였는데 소엔 선사 때 스님이 되었고 그 무렵 기겐인에 있었다. 거기서 우리들은 나쓰메와 함께하게 되었다."(秋月龍珉, 『世界の禪者─鈴木大拙の生涯』)

니시다도 당시의 다이세쓰를 이렇게 기록하였습니다. "우리들이 대학에 입학할 무렵 다이세쓰는 혼자 엔가쿠지의 승당으로 갔다. 그 무렵, 고센 노사가 계셨는데 얼마 되지 않아 천화하셨으므로 다이세쓰는 소엔 화상 밑에서 엄격한 지도를 받게 되었다. 잠시 대학에 온 적도 있지만 탁발승과 똑같이 힘든 수련생활을 했다."(「『禪と日本文化』序」[『西田幾多郞隨筆集』], 1940)

이 문장은 다이세쓰의 모습을 또 다음과 같이 묘사하고 있습니다만, '경박한 나한과 같은 얼굴을 한 태평스러운 남자'라는 『문門』

의 묘사도 아마 이처럼 표표담담飄飄淡淡했던 다이세쓰의 탈속적 풍모를 그리려고 했던 것이겠지요.

때때로 감당하기 힘든 일을 만나 힘들다, 힘들다 하기는 했지만, 어딘가 담담하고 늘 떠도는 구름이나 흐르는 물과 같은 풍취를 가지고 있었다.

다이세쓰의 견성체험

그러나 옆에서 보면 그렇게 보였던 다이세쓰였습니다만, 필사적으로 공안과 씨름하였던 당시 본인의 마음속은 도무지 '태평스럽지' 않았습니다. 다이세쓰 자신은 당시의 일을 되돌아보며 이렇게 적었습니다. "지금부터 50년 전에 좌선이라는 것을 배우기 시작했다. 척수의 소리라든가, 무자라고 하는 공안이 부과되어 죽을 만큼 힘들었다."

구체적으로는 처음 고센 선사에게 척수 공안을 받았고, 고센 선사가 천화한 뒤에는 소엔 선사에게 다시 무자 공안을 부여받아 참선을 계속했다고 합니다. 만년의 회상 가운데 다이세쓰는 다음과 같이 말했습니다.

고센 선사가 책상 위로 손을 들고 "자, 들었는가?"라고 말씀하시는 것을 지금도 기억하고 있다. 척수의 소리를 들었냐는 것이다. 그러나 그 무렵에는 아무것도 몰랐다. 다만 선사의 살아 있는 인격에 접할 수 있어서 감사하다고 생각할 뿐이었다. 소엔 선사가 되고 나서다. 공안이 '척수'에서 '무자'로 바뀌었고, 지금 생각해도 그저 정신없이 참선에 몰두했다.(秋月龍珉, 『世界の禪者─鈴木大拙の生涯』)

다이세쓰는 메이지 30년 소엔 선사의 후원을 받아 단신으로 미국으로 건너갑니다. 그 출발 전해 연말쯤 소엔 선사와의 참선도 이것이 마지막일 것이라 생각한 다이세쓰는 목숨을 걸고 무자와 씨름하였고 마침내 견성체험에 이르렀습니다.

'무자'에 내 자신을 걸었다. 후지미테이(富士見亭)에서 야좌夜坐한 이야기는 앞에도 했었던가. 사리전舍利殿에도 앉았었지. 그 안에 동굴이 있었는데, (불광종의) 개산조開山祖인 불광국사佛光國師(無學祖元)가 좌선했다고 하는 속등암續燈庵 안쪽이었다. 거기에도 가서 앉아 보았다. 그랬더니 미국으로 가기 바로 전해의 납팔섭심臘八攝心에 "이거다"라고 할 수 있는 것이 있었다.(秋月龍珉, 『世界の禪者─鈴木大拙の生涯』)

음력 12월을 납월臘月이라 합니다. 따라서 납팔臘八이란 12월 8일을 가리키는데, 석존이 이날 깨달음을 얻어 성도成道하였다고 하여, 선원에서는 1일에서 8일까지 통상의 행사는 정지하고 밤낮을 쉬지 않고 좌선에 매진한다고 합니다. 그것을 납팔섭심이라고 합니다만, 다이세쓰는 거기서 마침내 '이거다!'라는 체험을 하게 된 것입니다.

그 내용을 다이세쓰는 훗날 미국에서 니시다에게 보낸 편지에 다음과 같이 적었습니다. 일본어 편지입니다만, 훈독조의 어려운 표현이 있으므로 여기서는 의역하겠습니다.

이 책(월리엄 제임스의 『종교적 경험의 제상』이라는 책)을 읽고 생각한 것은 예전에 가마쿠라(鎌倉)에 있을 때의 일이다. 어느 날 밤, 좌선을 마치고 선당을 내려와 달빛을 받으며 나무 사이를 가로질러 기겐인으로 돌아가려고 산문 가까이 내려갔을 때였다. 갑자기 나는 내 자신을 잊어버렸다. 아니, 완전히 잊어버린 것도 아니었다. 그러나 달빛 속에 나무들의 그림자가 이지러져 땅 위에 비친 모습은 마치 한 폭의 그림과도 같았으며, 내 자신이 그 그림 속 사람이 되었다. 나무와 나 사이에 어떤 구분도 없었으며, 나무가 나이며 내가 나무여서 '본래의 면목'이 거기에 또렷하게 있는 것 같은 느낌이 들었다. 기겐인으로 돌아온 뒤에도 가슴속은 막힌 것이 뚫린 것처럼 시원하였고 무어라 형언할 수 없는 기쁨으로 가득 찼다. 그때의 심경을 지금 한마디로 표현하기는 어렵지만, 최근 제임스의 책을 읽고 자신의 심경이 그대로 묘사되어 있는 듯한 느낌이 들었으며, 아주 오랜만에 가슴속 응어리가 사라진 듯 후련했다.……(西村惠信 편, 『西田幾多郎宛·鈴木大拙書簡』)

팔꿈치는 밖으로 굽지 않는다

이리하여 능숙하게 '무자' 공안을 돌파한 다이세쓰였습니다만, 니시다와 마찬가지로 그 체험에 만족할 수는 없었던 것 같습니다. 만년의 회상에서는 이때의 추억을 다음과 같이 달리 말하고 있습니다.

'이제 몇 년 동안 가슴을 누르던 체증이 없어졌다'라는 느낌이 없었던 것은 아니지만, 한편으로 또 "이것으로 충분하다"는 생각도 들지 않았다. 이때는 무아무중無我無中 상태였다. 니시다도 "무자를 허락받았지만 그래도 나는 크게 기쁘지 않았다"라고 했었지. 그 사람의 성격에 기인하는 것도 있겠지만, 나도 이때 기쁘다고 할 것도 특별히 없었던 것 같다.(秋月龍珉, 『世界の禪者―鈴木大拙の生涯』)

그토록 깊이 맛보았을 '무자'의 감격이 왜 이처럼 냉담한 말투로 바뀌어 버린 것일까요? 세월과 함께 젊은 날의 신선한 체험도 빛이 바랜 것일까요?

아니, 그렇지는 않습니다. 그것은 다이세쓰가 10여 년에 걸친 미국 체류 중 또 다음과 같은 직관을 얻어 독자의 사상을 심화시켰기 때문입니다.

　　미국에 가기 바로 전해 납팔섭심에서 "이거다!" 할 만한 일이 있
었지만, 이때는 아직 무아무중 상태였다고 해도 좋다. 미국으로
건너간 어느 날, 라샐(La Salle)에서 뭔가 생각에 잠겨 있었는데, "팔
꿈치는 밖으로 굽지 않는다"라는 한 구절을 보고 문득 깨달은 듯
한 느낌이 들었다. "음, 이것으로 안 것 같다. 그토록 지극히 당연
한 것이었는데. 어떤 조작도 없는 것이었다. 그렇다. 팔은 밖으로
굽혀지지 않아도 되는 것이다. 부자유(팔연)가 자유였던 것이다"라
고 깨달았다.(『世界の禪者』)

　　'팔은 밖으로 굽지 않는다'의 원문은 "비박臂膊은 밖으로 굽지 않
는다"(臂膊不向外曲)인데 『벽암록』과 그 밖의 선적에 보입니다. 혜가단
비慧可斷臂의 이야기를 할 때에도 말했습니다만, '비臂'는 팔을 가리키
는데, 이것을 팔꿈치라는 뜻으로 사용하는 것은 일본어만의 용법입
니다. 중국어에서는 '팔은 안으로 굽는다'(胳膊總是要往裏彎)는 속담처럼,
인간은 기껏해야 타인보다는 자신의 피붙이를 보호하려 한다는 의
미입니다.

　　그러나 일본 선문에서는 전통적으로 이 말을 팔꿈치가 안으로밖
에 굽지 않듯이 모든 것은 있는 그대로여야 하고 또 있는 그대로이
도록 되어 있다는 뜻으로 해석되었습니다. 다이세쓰도 물론 그러한

이해를 계승했으며, 거기로부터 "그토록 지극히 당연한 것이었다, 그렇다, 팔꿈치는 굽지 않아도 된다, 부자유(필연)가 자유인 것이다" 라고 하는, 직관과 확신을 얻었습니다.(芳澤勝弘,「ひじは外にまがらず」참조)

다이세쓰는 이어서 말합니다.

> 그 구절은 분명 『괴안국어槐安國語』에 있었을 거야. 일본에서 고센 선사의 강좌에서 들은 적이 있었는데, 그때는 왜 이런 당연한 말을 하는 것인지 이상하게만 여겼을 뿐 별 생각 없이 지나쳤지만, 미국에서는 완전히 깨달았다. 그 이후로는 무엇을 읽어도 확실했었지. 지금까지와는 전혀 다른 경지가 나타났던 것이다. 아마 그 무렵 책을 읽으면서 문제로 삼고 있었던 '의지의 자유와 필연'이라는 것이 계기가 되었을 것이다. 필연(necessity)과 자유(freedom)의 문제라 할까, 그때는 윌리엄 제임스(William James) 등이 그런 문제를 다루고 있었다. 칸트 이후, 아니 더 전부터일지도 모르겠다. 서양에는 자유의지와 필연에 대한 논의가 있었다. 이 경험이 있고부터였다. 아무래도 서양철학이라 할까, 논리학이라고 할까, 어쨌든 이런 것으로는 어떤 문제도 해결할 수 없으며 선이 아니면 안 된다는 생각이 내게는 분명해졌다. 모리모토(森本) 식으로 말하면 "무자가 무너지는" 그런 형태로 그때 다시 내 자신의 자각 속에 들어온 것이다.(『世界の禪者』)

'부자유 = 필연 = 자유'라는 직관이 뒷날 '반야즉비般若卽非', '무분별無分別의 분별分別', '초개超個와 개個'와 같은 다이세쓰 독자의 사상으로 결실을 맺게 됩니다.

다이세쓰는 여기서 '서양철학'이 아니라 '선'이 아니면 안 된다는 것이 '확실해졌다'고 말합니다. 그러나 위의 한 단락을 사심 없이 읽으면 여기서 말하고자 하는 것은 실은 전통적인 '선' 체험만으로는 부족하다는 뜻으로, 거기에 '서양철학'에서 얻은 '자유와 필연'의 일치라는 사상적 근거가 필요하였다는 것입니다. 미국에서 니시다에게 보낸 편지에서 '무자'로 견성체험을 했던 일을 그토록 감동적으로 적으면서, 그 감동이 이미 제임스의 책을 읽은 감동과 같은 것이라 한 것에도 실은 그 맹아가 나타나 있었던 것입니다.

3. 다이세쓰의 선사상

즉비의 논리

이때의 '팔꿈치는 밖으로 굽지 않는다'라는 직관을 다이세쓰는 훗날 『금강반야경金剛般若經』의 문구에 근거하여 'A는 A가 아니기 때문에 A이다'로 정식화하고 그것을 '즉비卽非의 논리' 혹은 '반야즉비般若卽非의 논리'라 명명하였습니다.

다음은 가능한 평이한 문장으로 보여 주기 위해 만년의 수필에서 인용한 것입니다만, 이러한 생각이 집중적으로 형태를 갖추게 된 것은 소화 10년대 후반, 태평양전쟁 때였습니다.

불매인과不昧因果의 이야기는 또 반야즉비의 논리를 예증으로 하는 것으로 봐도 좋을 것입니다. 『반야경』에는 곳곳에 'A는 A가 아니기 때문에 A이다'라는 논리를 설파하고 있습니다. '세계는 세계가 아니기 때문에 세계이다'라든가, '일체법은 일체법이 아니기 때문에 일체법이다'라든가, '불토장엄佛土莊嚴은 장엄하지 않기 때문에 장엄하다'와 같은 형태로 곳곳에 나옵니다. 이것을 일상적인 언어로 표현하면 백은 백이 아니기 때문에 백이다, 또는 목단은 목단이 아니기 때문에 목단이다, 산은 산이며 또 물이다, 물은 흐르지 않고 다리는 흐른다, 빈손으로 창을 쓴다, 말안장 밑에 말이 없고 말안장 위에 사람이 없다 등등, 이런 모순적인 문장으로 교체할 수 있을 것입니다. 이것을 즉비의 논리라 해 두었습니다만, 불교도들은 이것을 존재의 근본의라 불렀습니다.(『佛敎の大意』, 第1講, 「大智」)

같은 내용을 여러 곳에서 반복적으로 설파하고 있으며, 또 자주 니시다의 '절대모순의 자기동일自己同一'과도 같은 의미로 사용했습니다.

반야계의 불교에서는 이것을 '색즉시공色卽是空, 공즉시색空卽是色'이라고 한다. 색은 유형, 공은 무형, 그것으로 유가 무이며, 무가 유라고 하는, 이것이 반야의 입장이다. 니시다 철학의 '절대모순의 자기동일'이다.(「東洋的な見方」, 1961)

'유한즉무한有限卽無限'은 '색즉시공'이다.…… '유한즉무한'만이라면 여전히 한쪽만을 볼 염려가 있으므로 '무한즉유한無限卽有限' 즉 '공즉시색'이라 해 두지 않으면 완벽하지 않다. 이 점에서는, 불교는 주도면밀하다. '색불이공色不異空'(색은 공과 다르지 않다)이라 하고서는 다시 곧바로 '공불이색空不異色'이라 한다. 틀리지 않도록 하려는 노파심이 작용한 것이다.

진실은 소극이 적극이고 부정이 긍정이다. 이것을 '절대모순의 자기동일'이라 한다. 부정 그 자체를 긍정으로 하는 작용, 여기에 동양적인 것의 신수神髓를 느낄 수 있다. 니시다의 논리는 실로 이것을 유감없이 설파하였다. 'A는 비非A이므로 A이다'라는 데까지 철저하지 않으면 불교 및 그 밖의 동양적인 것의 심오함에는 손을 댈 수가 없는 것이다.…… '공空'은 공공적적空空寂寂의 공이 아니며, 삼라만상森羅萬象·유야무야有耶無耶가 뒤얽혀 무한정으로 짜여 있는 곳, 그것이 바로 '공'의 자리이다. 이것을 '색즉시공, 공즉시색'이라 한다.…… 나는 이것을 0 = ∞, 즉 '영은 무한과 같다'라고 한다. 나만의 수학식이다. '공'의 세계를 여기서 깨닫고 싶다.(「自由·空·只今」, 1961)

산은 산, 물은 물

일체는 공입니다. 그러나 공은 허무나 존재하지 않는다는 뜻이 아니라, 공이기 때문에 거기에 일체가 분명하게 현상現象할 수 있다는 관점, 단순히 말하면 색色 → 공空 → 색色이라는 관점입니다. 다이세쓰는 이것을 다음과 같이 말하고 있습니다.

> 어느 선승은 다음과 같이 말한다. "나는 선에 들어오기 전에는 산은 산이고, 물은 물이었다. 조금 선을 하게 되니 산은 산이 아니고 물은 물이 아니게 되었다. 그러나 수행을 마치고나니 산은 역시 산이고, 물은 역시 물이 되었다." 산이 산이 아니고 물이 물이 아닌 시절을 한번 거치지 않으면 안 된다. 그렇지 않으면 진정한 산이 보이지 않고, 물도 보이지 않는다. 『반야경』에는 "A는 A가 아니다. 그러므로 A는 A다"라는 의미가 설파되어 있다. 이것은 아리스토텔레스적인 논리의 그물에는 걸리지 않는 사고다. 그런데 사물의 진상으로 들어가려면 이 '모순' 길을 거치지 않으면 안 된다. 말로 정리하려 들지 말고 '체득'해야 하며, '지견知見'하지 않으면 안 된다.(『現代世界と禪の情神』, 1961)

인용되어 있는 것은 제3강에서 보았던 청원유신靑原惟信의 말입니다. 다이세쓰는 '즉비'를 설명할 때, 이 말을 자주 인용하였습니다.

'산은 산, 물은 물'(0°) → '산은 산이 아니고 물은 물이 아니다'(180°)
→ '이전과 마찬가지로 산은 산, 물은 물'(360°). 반야경전의 논리라고
하면서 다이세쓰는 실제로는 인도에서 유래된 교의보다도 오히려 송
대선의 원환 논리를 근거로 '즉비'를 생각했던 것 같습니다.

그리고 실제로 이 논리를 체현한 실례로서 다이세쓰가 찾아낸
것이 반케이(盤珪)와 묘코닌(妙好人, 신앙심 깊은 신자)이었습니다.

반케이와 묘코닌

반케이나 묘코닌은 우리들에게는 너무나도 자연스럽게 있는 그
대로의 삶을 살았던 사람들로 보입니다. 그러나 다이세쓰는 이들에
게 절대부정을 거친, 말하자면 '즉비'의 있는 그대로를 산 사람이라
는 의미를 부여하였습니다. 반케이의 말은 이미 몇 가지 보았으므로
여기서는 묘코닌 아사하라 사이치(淺源才市, 1851~1932)의 예를 한 가지
보기로 하겠습니다.

어떤 면에서 보면 이대로는 '절대모순의 자기동일'을 사실로서 예
증해 주는 것이라 할 수 있는데, 사이치 옹의 사바관(娑婆觀) 등에
잘 나타나 있다.

이 사바세계로부터 극락으로,

태어나는 지름길은 따로 없다.

역시 이 사바세계이다.

사바세계도 나무아미타불,

극락세계도 나무아미타불,

고마워라 고마워라.

사이치가 이 눈이 떠져서,

나무아미타불, 나무아미타불.

나는야 행복하다 생각해 보라.

나무아미타불을 하게 하여,

덧없는 세상(浮世)에서 나무아미타불로 정토를 즐긴다.

나무아미타불이 마중 나오고,

나무아미타불이 데려가네.(『このままということ』, 1963)

염불로 사바에서 극락으로 왕생하는 것이 아니라 지금 이렇게 살아 있는 사바의 이 시간, 이 장소가 항상 그대로 극락이라는 것이 겠지요.

진공묘용

그러나 색 → 공 → 색이라면 다이세쓰 자신의 설명에도 있듯이 '색즉시공, 공즉시색'이라든가 혹은 '진공묘유眞空妙有' 등과 같은 말로 예전부터 설파되어 왔던 것입니다. 거기에 왜 일부러 '즉비'라고 하는 새로운 이름을 붙일 필요가 있었을까요? 그것은 다이세쓰가 이 것을 존재나 인식의 논리가 아니라 새로운 행위의 논리로 설명하려 했기 때문입니다.

> ······ 이것이 만덕萬德을 원만하게 구유하고 있다. 만덕을 그냥 만 법萬法이라 해도 좋다. 혹은 대용大用이라고도 하고, 묘용妙用이라 고도 한다. '진공묘유眞空妙有'라 하기도 하지만 '진공묘용眞空妙用' 이라 하는 편이 낫다. 이것은 어느 것이든 무한한 자유이므로 '궤 칙軌則'을 갖지 않는다. 조직에 속박되지 않고 오히려 조직을 만드 는 주인공이다.(「現代世界と禪の精神」)

'묘용'이란 말하자면 자유와 필연이 저절로 일치하는, 가장 자유 롭고 또 가장 적절한 행위라는 뜻이겠지요. 다이세쓰는 그것을 '무 분별의 분별'이라고도 불렀으며, 그것을 "대용大用이 현전現前할 때에 는 궤칙을 갖지 않는다"라고 한 중국의 선어나 "살아 있으면 죽고 또 죽으면 마음대로 행동해도 어긋나지 않는다"라고 한 시도 부난(至 道無難) 선사禪師의 와카(和歌)를 사용하여 몇 번이고 설명하였습니다.

자유의 본질이란 무엇일까? 가장 가까운 예로 설명하자면 소나무 는 대나무가 아니며, 대나무는 소나무가 아닌 채 각각 그 자리에 있는 것, 그것을 소나무나 대나무의 자유라고 하는 것이다. 이것을 필연성이라고 하며, 그렇지 않으면 안 된다고 하는 것이 일반 사람이나 과학자들의 생각이겠지만, 이것은 사물의 유한성, 혹은 흔히 말하는 객관적 관점에서 그렇게 말한 것일 뿐이다. 그 물 자체, 즉 그 본성이라는 측면에서 보면 이는 자유성이며, 자주적으로 그렇게 되는 것이므로 외부로부터 받는 견제는 전혀 없다. 이것을 천상천하유아독존이라고도 하는데, 소나무는 소나무로서 대나무는 대나무로서 산은 산으로서 강은 강으로서 어떤 구속도 없이 자신이 주인이 되어 작용하는 것이므로 이것이 자유이다.…… 선어에 "대용이 현전할 때에는 궤칙을 갖지 않는다"라는 말이 있다.…… 대용이라는 것은 물 자체가 그 자체로 작용하고 행동하는 것을 의미한다. 소나무가 대나무가 될 수 없다는 것은 인간의 판단이며 소나무의 입장에서 보면 필요 없는 오지랖에 불과하다. 소나무는 인간의 궤칙이나 원리로 살아가는 것이 아니다. 이런 것을 자유라고 하는 것이다.(「自由・空・只今」, 1961)

소나무는 소나무이고 대나무는 대나무이며 산은 산이고 물은 물이다. 그것은 한계도 속박도 아니며, '공空'을 매개로 하여 소나무는 소나무가 아닌 어떤 것도 아니고, 대나무는 대나무가 아닌 어떤 것도 아닌, 그것이 소나무나 대나무 자신의 '자유'라는 것입니다.

여기에 '부자유 = 필연 = 자유'라고 하는, 저 '팔꿈치는 밖으로 굽지 않는다'는 직관이 관통하고 있음을 알 수 있습니다. '즉비'란

이 직관이 투철함으로써, 모든 현실의 '필연'에 입각한 묘용이 '자유' 롭게 발휘된다고 하는 확신이었던 것입니다. 앞에서 보았던 '진공묘 용'의 한 구절에 "이것은 모두 무한한 자유이므로 '궤칙'을 갖지 않 는다. 조직에 속박되지 않고 오히려 조직을 만드는 주인공이다"라고 한 것도 이런 뜻입니다.

사람(人)

'주인공'이라는 것은 '묘용'을 발휘하는 능동적인 인격을 가리킵 니다. 행위에는 당연히 그 주체가 없으면 안 됩니다. 소화 20년, 즉 패전의 해 3월 11일, 니시다가 다이세쓰에게 보낸 편지에 다음과 같 은 글이 보입니다.

> 다이세쓰 군, 그저께는 모처럼 나와 주셨는데 처음부터 길이 어 긋났고 또 손님이 오시기도 해서 충분히 이야기를 나누지 못했습 니다. 나는 지금 종교에 대해 글을 쓰고 있습니다. 대체로 기존의 대상논리의 관점으로는 종교라는 것을 생각할 수 없으며, 나의 모순적 자기동일의 논리, 즉 즉비의 논리가 아니면 안 된다는 것 을 분명히 하고 싶습니다. 나는 즉비의 반야적 입장에서 '사람'이 라는 것을, 즉 인격을 이끌어 내고 싶습니다. 그리고 그것을 현실 의 역사적 세계와 결합시키고 싶습니다. 지금 잡지에 실을 수가

없으니 참으로 난처합니다. 아직 반 정도입니다만, 완성되면 원고든 복사복이든 보여 드리고 싶습니다. 그대의 『일본적 영성日本的靈性』은 실로 배울 점이 많습니다.(無念卽全心은 재미있습니다.)(『西田幾多郞隨筆集』)

이 서간으로부터 약 3개월 후, 니시다는 종전終戰을 보지 못한 채 세상을 떠났습니다. "즉비의 반야적 입장에서 '사람'이라는 것을, 즉 '인격'을 이끌어내고 싶다", 이것은 니시다 자신의 문제의식인 동시에 다이세쓰의 문제의식을 정확하게 표현한 것이기도 했습니다.

『일본적日本的 영성靈性』은 소화 19년(1944) 말에 나온 책으로, 그 마지막 장에 해당하는 제5편은 「금강경의 선」입니다. 니시다가 공감을 나타낸 것은 그 3절 응무소주이생기심應無所住而生其心의 제8 '사람'(人)에 보이는 '그리고 이 무념이 곧 온전한 마음(全心)'이라고 한 부분일 것입니다.

응무소주와 이생기심

「금강경의 선」은 소화 18년에서 19년에 걸쳐 행한 강연을 정리하여 『일본적 영성』에 최종장으로 편입시킨 것입니다. 거기에는 '사람'에 관한 기술이 자주 나옵니다. '사람'은 즉비의 논리를 생생하게 체험하고 자재自在로 '묘용'하는 주체, 이른바 진공眞空을 체體로 하고 묘용妙用을 용用으로 하는, 살아 있는 '주인공'입니다.

아마도 신회의 설에서 착상한 것이 아닐까 생각됩니다만, 「금강경의 선」은 예의 '응무소주이생기심'이라는 구를 사용하여 '응무소주'를 '체', '이생기심'을 '용'에 배당하고 다음과 같이 말합니다.

이 사람은 행위의 주체인, 영성적靈性的 직각直覺의 주인공(본래의 자기, 진실한 자기)이다. 여기로부터 '그 마음을 내는' 것이다. 절대무絶對無에 사로잡히지 않고, 작용이 일어나는 기미를 보고 싶은 것이다. 거기에 사람이 있다.

이렇게 말하면 또 이 사람이라는 것을 어쩐지 손이 있고 다리가 있으며 의식이 있는 하나의 개체적 실체라 생각할지도 모르지만 그렇지는 않다. '응무소주이생기심'이라 했듯이 응무소주는 절대무이고, 이생기심이라는 것이 행위의 주체로 즉 사람이며 그것이 거기로부터 불쑥 나타나는 것이다.

이 '사람'이라는 생각을 다룬 책으로 또 하나 유명한 것이 『임제의 기본 사상』(臨濟の基本思想, 1949)입니다. 간행된 것은 전후戰後입니다만, 쓰인 것은 위와 같은 무렵으로, 소화 20년 3월 무렵의 몇 통의 편지에는 이 책을 완성했지만 출판하지는 못했다고 쓰여 있습니다. 『임제의 기본 사상』에서 다이세쓰는 임제가 말하는 '무위진인無位眞

人', '무의도인無依道人'에 대해 다음과 같이 적고 있습니다.

　임제의 '자성自省'은 스스로가 스스로를 살피는 것인데, 그럼에도
그 스스로는 처음부터 분리되지 않은 것이다. 영성적 자각이다.
그 때문에 전체 작용이 가능해진다. 임제의 말을 빌려 표현하면
영성은 '사람'이다. '무위진안'이며 또 '무의도안'이다. 『임제록』은
이 사람에 근거하여 말하며, 이 사람의 작용을 기록한 것이다. 이
사람을 알면 이 책을 관통하고 있는 것을 깨달을 수 있다. 그는
이 사람을 '자성'한 것이다.…… 이 사람은 초개자超個者이면서 또
개일자個一者이다. 환언하면 임제는 임제이며 또 임제 아닌 것이
다. 반야는 반야가 아니므로 반야이다. 사람은 즉비의 논리로 살
아가고 있다. 임제는 당착에 빠졌다.

　사람이란 초개자이면서 또 개일자라고 말하고 있습니다. 초개자
란 보편적이고 무한정인 본래의 자기(眞空, 應無所住), 개일자는 개별,
구체적인 행위자로서 현실적 자기(妙用, 而生其心)를 생각하면 되겠지
요. 그 양자를 한 몸으로 통일시켜 '즉비의 논리를 살아가고 있는'
것이 '사람'이라는 것입니다.
　그러나 『임제의 기본 사상』은 이 '사람'이라는 생각을 자명한 전
제로 삼으면서 당대 선자의 언행을 차례차례 실례로 들어갈 뿐, '초
개'와 '개'의 관계에 대해 깊이 있는 설명을 하지는 않았습니다. 그것

은 아마도 소화 18년(1943)에 간행된 『선의 사상』(禪の思想) 제2편 「선행위禪行爲」에서 이미 그 점을 상세하게 논하였기 때문일 것입니다. 두 책은 문법서와 회화교재처럼 사실상 자매편이라 할 수 있습니다.

초개와 개

『선의 사상』에서 다이세쓰는 초개와 개를 '법신法身'과 '현신現身', '우주령宇宙靈'과 '기령己靈', '무분별無分別'과 '분별分別', '유일唯一'과 '개다個多' 등 다양한 용어로 부르면서 그 체용관계를 설명하고 있습니다. 그것은 「금강경의 선」에서 말했던 응무소주와 이생기심의 체용관계와 중첩됩니다. 그 관계를 살아 있는 형상으로 보여 주기 위해 『선의 사상』에서도 중국 선적에서 무수한 예를 인용하고 있습니다만, 그 가운데 가장 중요한 것이 이미 제2강에서 보았던 운암과 도오의 다음과 같은 문답입니다.

> 다음에 인용하는 문답은 법신인 사람과 현신인 사람이 어떤 관계로 작용하고 있는가를 시사하는 것이다. 이것은 또 위에서 장황하게 설명한 우주령과 기령, 무분별과 분별, 유일과 개다 등과 같은 사상이 선에서는 어떤 식으로 수용되었는지를 보는 데 도움이 될 것이다.

운암담성이 차를 끓이고 있는데 동려同侶인 도오가 물었다.

"누구에게 끓여 주려는 건가?"(煎與阿誰)

"마시고 싶어하는 한 사람이 있어서."(有一人要)

"자기가 끓이도록 하면 될 것을."(何不敎伊自煎)

"내가 여기에 있기에."(幸有某甲在)

얼핏 보면 아무것도 아닌 일상적인 대화 같다 . 그리고 그 말투 또한 어떤 유현幽玄함도 보여 주지 않는다. "그 차 누구에게 줄 거야?" "이걸 마시고 싶어하는 사람이 있어서 말이지." "그 사람 에게 끓이라면 될 걸." "마침 내가 여기에 있어서 말이야."

이 이야기를 다이세쓰는 다음과 같이 설명합니다. '일인一人'이 '초 개超個'(體), '모갑某甲'이 '개個'(用)를 가리킨다는 것을 정확하게 이해해 서 읽으면 논지에 쉽게 도달할 수 있을 것입니다.

일문일답뿐이지만 그 안에 내포된 의미를 분별지分別知로 평판하 면 다음과 같다. '유일인요有一人要'라고 하는 이 한 사람은 스스로 는 차를 끓일 수가 없다. 또 한 사람만으로는 차가 필요 없다. '행 유모갑재幸有某甲在'라고 하는 모갑이 있으므로 그를 통해 차를 끓 인다. 마찬가지로 앞에 차를 마시고 싶다고 한 한 사람도 역시 이 모갑을 통해야 마시고 싶다는 의식이 작용할 수 있다. 한 사람 과 모갑은 분별성인 개다의 세계에 있는 것이 아니다. 그러나 마시고 싶다는 작용, 끓인다고 하는 작용은 모갑이 있는 분별, 또는 개다의 세계가 아니면 현실화되지 않는다. 마시고 싶어하는 것도 끓이는 것도 현실인 개다의 세계에서 비로소 말할 수 있는 것이지만, 또 동시에 한 사람이 없으면 현실도 현실이 아니며 개다도 그 개다성을 유지할 수 없다. 한 사람은 혼자서는 끓이는 일을 하지 않는다. 아니, 할 수 없다고 해도 좋다. 어쨌든 모갑이 없으면 안 된다. 모갑도 모갑만으로는 마시고 싶을 일도 끓일 일도 없다. 그렇다고 하여 한 사람이 모갑을 포함하고 있는 것도 아니며, 또 그 위에 있는 것도 아니다. 모갑 또한 한 사람을 자기 안에 포함하고 있지 않으며, 자신이 바로 그 한 사람이라는 것도 아니다. 한 사람과 모갑은 양쪽 다 상대적으로 존재하지만 그럼에도 회호성回互性과 자기동일성을 잃지 않는 것이다.

4. 선과 근대문명

다이세쓰의 체용론

이상의 내용을 종합해 보면, 초기初期의 선禪에 나타난 신회의 체용론(應無所住, 而生其心)과 당대 석두계의 선에서 보여 준 본래성의 자기와 현실태의 자기의 탐구(渠와 我), 그리고 송대선의 원환圓環 논리(山

是山, 水是水 → 山不是山, 水不是水 → 依前山是山, 水是水), 그것들을 시대적 차이나 법계의 차이를 없애고 하나의 현재형 사상으로 통합하면서 다이세쓰가 생각했던 것은 다음과 같은 체용론이었다는 것을 알 수 있습니다.

〈체〉: 일인一人 – 초개超個, 법신法身, 우주령宇宙靈, 무분별無分別,
　　　유일唯一 – 응무소주應無所住 – 진공眞空

〈용〉: 모갑某甲 – 개개個個, 현신現身, 기령己靈, 분별分別, 개다個多 –
　　　이생기심而生其心 – 묘용妙用

그렇다면 다이세쓰는 이러한 생각에 의거하여 무엇을 하려 했던 것일까요?

『선의 사상』 제2편 「선행위」의 다음 한 단락에서 다이세쓰의 기도를 엿볼 수 있습니다. (1)~(4)의 번호는 그다음 설명을 위해 편의상 붙인 것입니다. 만약 이해하기 어려우면 잠시 건너뛰어 인용 다음부터 읽어 주세요.

(1) 선의 궁극적인 체험이 논리적으로 보아 무지의 지, 무분별의 분별이라는 형태로 성립된다면, 선은 단지 그것뿐으로 그 속에서 윤리나 종교가 나올 수는 없다고 생각할 수도 있을 것이다. 실제로 그런 생각을 가진 사람도 있었다. 예를 들면 송유宋儒들이 그

러했다. 일상의 행위를 규정하는 것이 선에는 없다든가, 고원한 논리는 있지만 비근한 생활은 그것만으로 영위되지 않는다고 하는 비평은 자주 듣던 것이다. 어떤 점에서는 그것도 그렇다고 할 수 있지만 그러나 실제로는 결코 그렇지가 않다.

(2) 왜냐하면 선은 어쨌든 지식이 아니면 안 된다고 생각하기 때문이다. 배운 것이 없어도 선사가 된 사람도 있고, 또 그렇기 때문에 학문이 오히려 선을 이해하는 데 방해가 된다고 하는 사람도 있지만, 사실은 선을 하는 데는 지식이 있는 편이 낫다. 무엇이든 사상의 배경이 없으면 시야가 좁아지고 신앙이 위축되며 인간이 편협해져서 세간에 도움이 되지 않으며 또 그래서는 자신을 충분히 구제했다고 할 수 없다. 종교는 믿음이므로 지식은 필요 없다고 할지 모르지만 사실은 그렇지 않다. 지식·사상·반성은 어쨌든 인간으로서 없어서는 안 되는 것이다.

(3) 선이 무분별의 분별을 으뜸으로 삼는다는 것은 단지 논리상에서만 그런 것이 아니다. 실로 선은 용用을 떠나서는 아무것도 아니다. 무분별의 분별은 행行을 의미하는 행의 논리이다. 즉 선은 용의 논리이다. 대기대용大機大用이 없는 곳에는 선도 없는 것이다. 수수께끼 같은 것만이 선이고 무지의 지를 말하지 않으면 선은 성립되지 않는다고 생각하는 것은 커다란 착각이다. 선이 양미순목揚眉瞬目, 해타도비咳唾掉臂, 아시송뇨屙屎送尿에 있다고 하면 천하국가를 다스리는 데에는 미칠 수 없으며, 따라서 각각 그 직역職域을 지키고 그 임무를 완수하는 데에도 있다고 하지 않으면 안 된다. 즉 정치적인 면에도, 사회생활에도, 또 민족의 상호 교

섭에도 역시 선이 있다고 해야만 한다.

⑷ 그렇다고 선이 하나하나 개별적인 사건에 대해 일정한 이론·사상·지도방침을 가지고 있다는 뜻은 아니다. 일정하게 주어진 사건을 처리하는 데는 당사자 한 사람 한 사람이 그 분별지에 따라서 의견을 달리할 수는 있다. 선이 기여하는 바는 이 분별의 사상을 움직이게 하는 원리일 뿐이다. 이 원리를 무공용, 또는 무공덕이라 하는 것이다. 지知의 측면에서 말할 때는 무지의 지 또는 무분별의 분별이지만, 행行의 측면에서 보면 무공덕의 공덕, 무용의 용이다.

난해한 문장입니다만 각 단의 논지를 단순화하면 아래와 같습니다.

⑴ '선'은 단순히 '무지의 지, 무분별의 분별'에 머무는 것이 아니다.
⑵ 따라서 '선'을 수행하는 사람에게는 '지식·사상·반성'이 필요하다.
⑶ '선'의 '무분별의 분별'은 현대사회에 실제로 유효하다.
⑷ '무분별의 분별'은 현대사회를 운영하는 데 필요한 여러 '분별'이 잘 기능할 수 있도록 하는 '원리'이기 때문이다.

전혀 알기 쉬워지지 않았다고 할 것 같습니다만, 이것을 다시 다음과 같이 바꾸어 보면 어떨까요?

(1) '선'은 단순히 '무지의 지, 무분별의 지'에 머무는 것이 아니다.

(3) '선'의 '무분별의 분별'은 현대 실제 사회에서 유효하다.

(4) '무분별의 분별'은 현대사회를 운영하는 데 필요한 여러 '분별'
이 잘 기능할 수 있도록 하는 '원리'이기 때문이다.

(2) 따라서 '선'을 수행하는 사람에게는 '지식·사상·반성'이 필요
하다.

이렇게 하고 보면 다이세쓰가 생각했던 것이 앞의 체용관계와
일치하며, 다음과 같은 관계였다는 것을 알 수 있습니다.

| 〈체〉 | 선 | 무분별의 분별 | 원리 |
| 〈용〉 | 근대문명 | 분별 | 지식·사상·반성 |

당대의 선자는 현실태라는 것을 차를 끓인다든가, 비질을 한다
든가, 걸어서 강을 건넌다든가, 그런 일상의 기거동작 범위 안에서
생각했습니다. 그러나 격동의 20세기가 되면 문제는 이미 그런 범위
에서 해결되지 않습니다. 다이세쓰에게 현실태는 '천하국가', '정치',
'사회생활', '민족상호교섭'과 같은 사회적, 세계적인 규모에 이르게
되며, 거기서의 '묘용'에는 근대적인 '지식·사상·반성'과의 연동이
필수적이었습니다.

그 때문에 다이세쓰는 초기 저작부터 일관되게 서양 근대 지성을 배워야 하는 필요성, 중요성을 끊임없이 주장했던 것입니다. 예컨대 『선의 사상』과 마찬가지로 소화 18년에 나온 『종교경험의 사실—장송저의 제재로서』(『宗敎經驗の事實—莊松底を題材として』)라는 책에서도 전시중(戰時中)임에도 불구하고 '팔굉일우(八紘一宇)'(전 세계가 하나의 가족이라는 뜻)를 비판하며 다음과 같이 단언하였습니다.

> '팔굉위우(八紘爲宇)'를 정치적으로, 제국주의적으로, 또는 이른바 개인주의적으로 해석하여 그것으로 우리 일본이라는 나라의 토대 및 그 행동을 규제하고자 하는 사람만큼 위험한 사상의 소유자는 없다. 그들은 이원론자이다.······ 그 정신("자연에 수순한다"라고 하는 동양의 민족정신)의 정당한 선양은 단지 수순주의가 아니라 수순과 더불어 서양적, 과학적 이지와 비판을 겸비하는 것이어야 한다.

'서양적, 과학적 이지와 비판'이 앞의 '지식 · 사상 · 반성'과 같은 뜻이라는 것은 말할 필요도 없습니다.

공과 허에 기초한 원형성

그러나 고정적이고 편협한 일본정신을 주로 삼고, 서양적, 과학적 이지와 비판을 단순히 도구로 사용하는 화혼양재(和魂洋才)와 같은 절충론을 다이세쓰가 원했던 것은 아닙니다. 소화 13년(1938)에 교토 제국대학에서 행한 〈일본문화의 문제〉라는 강연의 제2강에서 니시다는 다음과 같이 말했습니다. 이것은 니시다 자신의 입장을 표명한 것인 동시에 다이세쓰의 입장을 잘 대변한 것이라 생각합니다.

> 그것에 대한 가장 일반적인 생각은 일본정신으로 서양문화를 소화하고자 하는 것인데, 이것은 결국 일본정신이라는 특별한 것이 있다고 전제하고(나도 없다는 것은 아니다. 엘리엇[Eliot]이 말하는 의미의 전통이 있다는 것은 부정할 수 없다.) 그것을 중심으로 삼아 외국문화를 정리하고 종합하려 하는 것이다. 마치 누에가 잎을 모아서 자기 주변에 둘러 세워 놓는 것과 같은 방식을 취하려는 것이다. 그것은 가장 천박하며 바람직하지 않은 생각이다.

그렇다면 어떻게 해야 할까요? 니시다는 같은 강연에서 다음과 같은 재미있는 비유를 말하고 있습니다.

> 원래 역사적인 움직임에는 여러 가지가 있다. 인간이 발전하는 데에도 여러 길이 있는 것이 아닐까? 나는 지금 동물을 예를 들어보겠는데, 이를테면 포유동물에는 다양한 종이 있지만, 뭔가 포유동물로서의 원형이라는 것이 있다. 괴테가 '원식물原植物'이라 했듯이 '원동물原動物'이 있으며, 그것이 분화하여 변형된다고 한다.

그 원형이 어떤 것인지는 알 수 없지만 어쨌든 하나의 형태가 있으며, 그것이 여러 종으로 발전해 가는 것이다. 예컨대 기린이라는 것은 목이 가장 긴 동물이고, 같은 포유동물이라도 고래에게는 목이 거의 없다. 그런데 동물학자들의 설명에 따르면, 목뼈의 수는 포유동물의 경우 이미 정해져 있고 양쪽 다 수가 같다고 한다. 원형이 어떤 것인지는 알 수 없지만 그것이 분리되어 발달한 것이라 생각할 수 있을 것이다. 발달이란 이처럼 특수화한 것일 뿐이다.

나는 왠지 인간에 대해서도 '원문화'라는 것을 상정하고 싶다.……동양의 것이 어느 정도의 것인지 지금은 말할 수 없다. 그것을 연구하는 것은 오늘날 우리에게 부과된 커다란 과업이다. 그러나 동양이 발달하여 서양이 그 안에 포섭되는 것도, 또 그 역도 아니다. 또 동양과 서양이 완전히 떨어져 있다는 것도 아니며, 말하자면 한 그루 나무에 가지가 둘인 셈이다. 둘로 나뉘어 있기는 하지만 그 근저에서는 결합되어 서로 보완하고 있다. 한층 깊은 근저를 발견해 내지 않으면 동양과 서양이 하나가 된 세계문화를 생각할 수 없을 것이다.

목이 긴 기린과 목이 없는 고래, 얼핏 보면 양극단인 것처럼 보이지만 목뼈 수는 같다. 거기서 니시다는 개개의 동물로 분화되기 전에 공통의 시원으로서의 '원동물'이라는 것을 생각합니다. 전일하며 무한정인 형이상학적 보편성으로부터 각각의 객관적 조건에 따라 개개의 모습을 가진 형이하의 동물이 다양한 종으로 분화하여 간다는 이미지입니다.

이 이미지를 문화 영역에도 적용하여 동양과 서양, 전통과 근대, 이처럼 형태가 서로 다른 둘을 무리하게 합치는 것이 아니라 '근저根底'인 그 무한정의 '원문화原文化'로 돌아가 대립을 포섭하고 지양하여 고차적인 '세계문화'를 구상하지 않으면 안 된다는 의견입니다. 여기까지는 '초개'와 '개', '진공'과 '묘용', '응무소주'와 '이생기심' 등의 관계와 닮았으며, 이야기는 어렵지 않습니다. 아아, 이 무한정이고 무정형인 '근저'라는 것이 선의 '무無'에 해당하겠지, 그렇게 쉽게 추측할 수 있을 것입니다.

그러나 이야기는 그것으로 끝나지 않습니다. 마지막 3강에 이르러 이 강연은 다음과 같이 마무리됩니다.

그처럼 다양한 역사적 세계의 사고유형은 각각 다르지만 나는 원형이라는 것을 상정하고 그것을 바탕으로 여러 형태를 생각해 보려고 한다. 지금까지는 세계의 다양한 문화가 비교적 무관하게 움직였지만, 오늘날에는 세계가 현실이 되었다. 그래서 어떻게 움직여야 하는가 하면 문화가 원형적으로 하나로 결합되어 가는 것, 이것이 문화의 도달점이 아닌가 생각한다.
그런데 일본문화를 잠시 생각해 보면 앞에서 말했듯이 일본문화의 특색은 베르그송의 시간과 같은 것이라 할 수 있다. 이른바 형태가 없는 문화, 예술로 말하면 음악적인 문화이다. 그랬기 때문에 지금까지 다양한 외국문화를 받아들여 왔다. 이쪽이 고정된 문화를 가지고 있었다면 다른 문화를 자신의 문화로 하든지, 다른 문화로 인해 파괴되든지 그 어느 쪽이었겠지만, 일본문화는 차례차례 외국문화를 그대로 받아들여서 자신의 문화를 바꾸어 가는 장점을 가지고 있으며, 다양한 문화를 종합하여 가는 것에 일본문화의 우수성이 있다. 그러나 또 동시에 그것은 나쁘게 말하면 자신의 것을 갖지 못했다는 약점이 있다. 무엇인가 내용으로 표현하려고 하면 심볼과 같은 것이 되어 버리고 내용이 없어서 유명론唯名論이 된다. 고정된 내용이 없다는 것에 특색이 있으면서 또 그 때문에 나쁘게 말하면 공소空疎하게 된다. 그러므로 일본문화가 세계사적인 것이 되기 위해서는 모든 문화를 정리하여 하나의 새로운 거대한 종합적 문화를 만들어 가야 하는 것이 아닌가 생각한다. 즉 일본문화는 그것을 가능하게 할 탁월한 유연성을 가지고 있기 때문이다.

'고정된 내용이 없다는 것에 특색이 있는 일본문화', '나쁘게 말하면 자신의 것이 없고 나쁘게 하면 또 공소하게 되는 일본문화', 그것이 그렇기 때문에 역으로 '세계문화'를 성립시키는 무한정의 '근저'가 될 수 있다는 논리입니다.

문명사회에 대한 대항원리로서의 선

일찍이 소세키는 〈현대 일본의 개화〉라는 유명한 강연에서 '외발外發'의 근대로 내몰리면서 '피상적인 수박 겉핥기식 개화'를 수행한 일본을 자조하고 자조하면서도 그렇게 할 수밖에 없었던 자신들의 고충을 이야기했습니다.(三好行雄 篇, 『漱石文命論集』, 巖波文庫, 34쪽)

그 가운데 소세키는 다음과 같이 말했습니다. "이러한 개화의 영향을 받는 국민은 어딘가 공허감이 없으면 안 됩니다. 또 어딘가 불만과 불안이 없으면 안 됩니다. 마치 이 개화가 내발적이기라도 한 것 같은 얼굴을 하고 득의만만해 하는 사람이 있는 것은 옳지 않습니다. 그것은 대단한 하이칼라입니다. 바람직하지도 않으며, 허위이기도 하고, 경박하기도 합니다."

또 하나의 유명한 강연, 〈내 개인주의〉에서 서양에서 '도용한' '타인본위'가 아니라 '자기본위'에 서지 않으면 안 된다고 설파한 것도 아마 같은 취지일 것입니다.

소세키가 '문명사회에 대한 대항원리'를 강화하기 위해 선어禪語를 넣은 한시를 많이 지었다고 한 사이토의 지적은 앞에서 보았습니다. 그것을 읽고 나서 나는 이 '문명사회에 대한 대항원리'로서의 '선'이라는 것을 문예의 영역에서 철학의 영역으로 옮겨 심화시킨 것이 니시다나 다이세쓰의 논이 아니었을까 상상하게 되었습니다.

위에서 인용한 니시다의 결론이나 앞에서 본 다이세쓰의 체용론은 말하자면 소세키가 말한 '공허감'을 선의 관점에서 해석한 것입니다. 공허하기 때문에 역으로 일체를 포섭하고 지양하며 그것을 작용하게 하는 원리가 될 수 있다는 식으로, 그렇게 반전시킨 것처럼 제게는 보입니다. 그러한 '선' 또는 '무'에 기반한 동서문화의 지양이 무국적의 코즈모폴리터니즘(세계주의)이나 글로벌리즘으로 나아가지 않고 역으로 '일본'의 특수성(반전된 우위성)을 주장하기 위한 근거로 삼은 것은 메이지에 태어나고 자란 지식인으로서는 오히려 당연한 일일지도 모릅니다.

사이토 선생은 같은 책 다른 곳에서 "소세키는 한적閑適을 서양에 대한, 혹은 문명에 대한 대항원리로서 재해석하고자 하였다"라고 하였으며, 또 문맥과 다소 어긋나기는 합니다만, "서양에 대항하는 원리로서의 동양"이라는 표현도 사용하고 있습니다. 근대 일본에는 '문명사회'가 사실상 '서양'과 동의어였으므로, '문명사회 = 서양'에 대한 '대항원리'로서 생각한 것이라면, '한적'이나 그것을 심화시킨 '선'은 그 대극으로서 (인문지리상의 실세가 아니라 비'서양'·반서양이라는 관념으로서의) 일본 또는 동양과 결합되지 않을 수 없었을 것입니다. 니시다나 다이세쓰가 말하는 '동양'이 내부의 문화적 다양성을 제거한 단일한 표상이 되고, 마찬가지로 단일한 표상이 된 '일본'과 사실상 동의어가 된 것도 그 때문이 아니었을까 생각합니다.

외부적으로는 서양 열강에 대항하며 독자적 가치와 지위를 승인
받고자 하면서(그것은 소엔 선사의 시카코 행 이후의 비원이었습니다.) 내부적
으로는 '공허감'을 반전의 근거로 삼음으로써 '외발'의 서양 근대에
의한 '불안과 불만'을 극복하고 '자기본위'를 회복하는, 그것이 근대
'일본'지식인에게는 '문명사회(=서양)에 대한 대항원리'로서의 '선'이
라는 것이 아니었을까요? 적어도 '무심', '무념'을 키워드로 하여 '선
과 일본문화'를 말한 다이세쓰에게 그러한 감정이 있었던 것은 확실
합니다. '진공'을 '체'로 삼고 서양 근대문명을 '묘용'으로 하는 앞의
체용론도 전통과 근대, 일본과 서양의 모순을 해결하기 위해 구조적
인 이론이 아니라 매 순간 행위를 통해 그 모순을 통일하는 '사람'(=
반전된 '공허감'에 입각한 무정형이고 동적인 '자기본위')을 만들어 낸 것이라 그
렇게 이해할 수 있지 않을까요?

다이세쓰나 니시다의 일본론이 국내를 향해서는 편협한 국수주
의적 일본정신에 대한 비판이었음에도, 이후 20세기가 막 끝나려고
하는 1990년대에는 미국학자들로부터 보편적이어야 할 '선'을 특권
적으로 '일본'과 결합시킨 선禪내셔널리즘이라 지탄을 받게 된 것도
그들이 안고 있던 이처럼 다층적인 과제에 유래하는 것이 아닐까
생각합니다.

5. 대지와 대비

비즉지, 지즉비

그러나 전쟁이라는 왜곡된 근대문명이 압도적으로 진행되면서 자유와 필연은 다이세쓰가 생각했던 것처럼 자연스럽게 일치되어 주지 않았습니다. 『선의 사상』 속에는 다소 당돌한 느낌으로 다음과 같은 비통한 구절이 들어가 있습니다.

나라를 위해 죽는다고 하고 남을 위해 자신을 죽인다고 한다. 초개자 자신 쪽에서라면, 그렇게 말한다고 해도 그것은 문제될 것이 없다. 그리고 개자의 마음속에 꿈틀거리고 있는 초개적 의지로부터도 그것은 당연한 사건이며 아무런 말도 해서는 안 된다. 당사자는 물론이고 그 집단에 소속된 다른 사람들이 보아도 자신을 죽여서 인仁을 이루는 것은 원래부터 그러해야 할 것일 뿐, 그것 때문에 슬퍼해야 할 필요는 조금도 없다. 그러나 인간은 이런 일을 목격하면 손뼉을 치며 기뻐하는 것이 아니라 고개를 숙이고 운다. 무엇을 위해서 우는가? 인간에게는 비장이라는 말이 있다. 논리적 모순은 행위적으로는 비장하고 또 의열하다. 이런 말이 들리는 한 인간은 개체이며 자유이고 창조적이다. 봉건시대에는 의리와 인정이라고 하였다. 인정은 개소속個所屬이며 의리는 초개자이다. 오늘날에는 또 다른 말을 사용할 것이다. 말은 시대마다 다르지만 행위적인 모순, 즉 비극은 영원히 상속된다. 인간은 울기 위해 태어났다고 해도 좋다. 또 이것을 인간의 업이라고 한다.

여기서 '초개'와 '개'라는 말의 뜻은 앞에서 보았던 것과 전혀 다른 것이 되었습니다. 여기서 말하고 있는 것은 보편과 개별의 체용론적 상즉相卽도, 자유와 필연을 통일하는 약동적인 주인공도 아닙니다. 여기에서 초개는 전체주의·군국주의를, 개는 개인의 생명이나 존엄을 각각 은유하고 있습니다. 다이세쓰가 여기서 말하고 있는 것은 '초개'에 의한 '개'의 압살이라는 부조리한 현실과 '인간은 울기 위해 태어난다'는 비탄에 다름 아닙니다.

즉비 논리의 한계를 다이세쓰 자신도 아마 통감할 수밖에 없었을 것입니다. 패전 직전, 정토신앙淨土信仰에 대한 여러 논설과 「금강경의 선」을 합쳐서 『일본적 영성』한 권으로 편찬한 것은 위에서 기술한 선사상을 그 자체로 완결시키지 않고, 그것을 '대비大悲'의 마음과 표리일체의 것으로 보이기 위해서가 아니었을까요? 「금강경의 선」은 제6 선개관禪槪觀, 제7 사홍서원四弘誓願의 다음과 같은 문장으로 끝맺고 있습니다.

마지막으로 한마디 해 두고 싶은 것은 선자는 때때로 대자대비大

慈大悲라는 마음을 잊어버릴 때가 있다. 무슨 뜻인가 하면, 그들은 '사홍서원四弘誓願'을 암송하지만 그러나 그것을 실천하는 일에는 그다지 마음을 쓰지 않을 때가 있다는 것이다.

중생무변서원도衆生無邊誓願度(수없이 많은 중생을 구제하고자 서원한다.)
번뇌무진서원단煩惱無盡誓願斷(끝없이 많은 번뇌를 끊고자 서원한다.)
법문무량서원학法門無量誓願學(한량없이 많은 법문을 배우고자 서원한다.)
불도무상서원성佛道無上誓願成(더할 나위 없이 좋은 불도를 이루고자 서원한다.)

이것은 참으로 훌륭한 문구이다. 이렇게 되지 않으면 안 되지만 그러나 현실에서는 지知적인 방면이 지나치게 강조되고 비悲적인 면이 등한시된다. '한 무위진인'(一無位眞人) 혹은 '천상천하유아독존天上天下唯我獨尊'은 한편으로는 대지大智이고 한편으로는 대비大悲이다. 우리는 문자상에서나 분별상에서는 비悲와 지智를 나누지만, 사람 그 자체는 전체가 비悲이며 지智이다. 사람에게는 지智가 비悲이며 비悲가 지智이다. 사람의 일거일동은 모두 비지悲智가 아니면 안 된다. 노력이 물거품이 되는 것에는 원래부터 어떤 작위성, 기교성도 없지만, 일체의 인위를 버리고 모든 것을 부처에게 맡길 때에는 거기에는 한없는 대비가 있고 다함이 없는 서원이 있다. 일본적 영성적 생애의 구극처도 역시 여기에 있다. 일본 민족성의 특징 가운데 하나는 그 정성情性이 풍부하다는 것이다. 다만 그것이 감성적으로만 작용해서는 안 된다. 한 번은 영성의 세례를 받아야 한다. 초개의 영성이 움직인 정성만이 천하를 빛으로 뒤덮을 수 있을 것이다.(『日本的靈性』)

…… 중생무변서원도는 분별하여 타인의 고통과 자신의 고통을
나누어서 느끼는 것이 아니라, 존재일반의 고통, 세계고世界苦, 혹
은 우주고宇宙苦 등과 같은 것을 보면 대비의 마음이 저절로 움직
이는 것이다. 우주고를 보는 것은 대지大智이지만 그것을 벗어나
는 것(脫離)은 대비大悲의 능동으로 가능해진다. '본다'는 것은 보는
것만이 아니라 탈리脫離의 대비가 움직여야 비로소 볼 수 있는 것
이다. 그저 보기만 한다는 것은 있을 수 없는 일이다. 본다는 것
은 보려고 하는 것이 있기 때문이다. 그것이 대비이다. 대비가 먼
저이고 대지는 뒤라고 해도 좋다. 그러나 이것은 말의 순서를 말
하는 것일 뿐으로 실제 경험에서는 비즉지悲卽智, 지즉비智卽悲이
며, 동시동처로 움직이는 것이다. 그 때문에 대지가 있는 곳에 대
비가 있으며, 대비가 있는 곳에 대지가 또 있는 것이다.
시도 부난(至道無難) 선사의 노래에 "거꾸로 단계를 거치지 않고 곧
바로 깨달을 때에는 내 것이 되지 않는 내 것도 없다"라는 구절이
있다. 신란성인(親鸞聖人)의 횡초橫超를 떠올리게 하는 구이다. 처
음 구는 왕상往相이고 아래 구는 환상還相이다. 왕환회호성往還回互
性이 완전해져야 비지원만悲智圓滿한 보살행(자비와 지혜가 완전히 갖추
어진 보리의 이타행)이 가능해진다. 일본적 영성도 궁극적으로는 이
방향을 가리키는 것이다.

중생무변서원도

　위의 단락을 읽으면 다이세쓰에게 '중생무변서원도'란 위로부터 구원의 손길을 뻗치는 구제의식 같은 것이 아니었습니다. '존재 일반의 고통, 세계고, 혹은 우주고와 같은 것', 그것에 대한 절실한 공감과 투철한 관찰에서 작동하기 시작하는, 도저히 어찌할 수 없는 기도하는 마음과 같은 것이었습니다. 다이세쓰가 '대비'라고 했을 때, 그것은 발고여락拔苦與樂과 같은, 이른바 '위로부터의 시선'이라 할 수 있는 교리적인 정의가 아니었습니다. 그것과는 별개 차원인, 글자 그대로의 '커다란 슬픔'이었을 것입니다. '공허'가 아니라 무한한 '대비'를 근저로 하여 작용하는 '대지', '대자大慈'와 '대비'를 항상 표리일체로 하여 '중생무변서원도'를 실천하는 '사람', 위의 일단은 그대로 『일본적 영성』의 결론이기도 했으며 다이세쓰 사상의 결론이기도 했습니다.

　그러나 결론이기는 했습니다만 종점은 아니었습니다. 니시다는 패전한 해에 세상을 떠났습니다만, 다이세쓰는 그후 20년 가까이 더 살았으며 해외와 일본에서 그리고 영어와 일본어로 늙은 몸을 이끌고 강의와 저술을 계속했습니다. 소화 41년 7월 12일 96세의 나이로 세상을 떠나기까지 다이세쓰의 '대지'와 '대비'의 발걸음은 한순간도 게으름을 피운 적이 없었습니다.

니시다 박사가 세상을 떠나고 70년, 다이세쓰 박사의 서거로부터도 반세기가 되려는 지금 시대는 이미 크게 변화하였습니다. 그들에게 '선'은 '외발外發'의 서양근대에 대한 '대항원리'가 아니었을까 생각해 보았습니다만, 지금으로는 그 대항원리의 상대였던 서양근대쪽이 액상화하여 세계는 '글로벌리즘'이라는 이름이 무구조적이고 유동적으로 확산하고 있습니다. 믿을 것이나 존경할 만한 것이 가치를 잃어 가고, 다른 한편에서는 영혼 없는 자기주장이 허세를 부리고 있는 것 같습니다. 어떤 사상을 가질 것인지가 아니라 어떻게 하면 사상이라는 것을 가질 수 있는지, 또는 사상이라는 것을 가지는 것이 대체 의미가 있는지, 그런 시대라 해도 좋겠지요. '타인본위'의 '공허감'은 이미 후진국 근대화 과정에 있는 일부 지식인의 비애가 아니라 선진국을 포함한 혹은 선진국에서야말로 현저한 세계 공통의 감각이 되어버린 것 같습니다. 'Zen'이 각지에서 관심을 모으고 있는 것은 어쩌면 '공허'를 반전된 근저로 삼는 삶의 방식에, 많은 사람들이 어떤 식으로든 구원을 구하려는 무의식의 표출일지도 모릅니다.

그러나 '공허'에 몸을 의탁하여 버린다면 그것은 일시적인 위안이나 현실도피에 불과할 것입니다. 만약 선을 거기서 그치지 않고 다음 세계로 나아갈 새로운 힘으로 삼을 수 있는 방법이 있다면, 그것은 다이세쓰에게 있어서 결론인 동시에 기점이었던 저 '대지大智'

와 '대비大悲', 거기서 발견할 수 있지 않을까요? 아니 거기서밖에 간신히 발견할 수 있지 않을까, 제게는 그렇게 생각됩니다. 다이세쓰가 전시 상황 속에서 썼던 '존재일반의 고통, 세계고, 혹은 우주고와 같은 것'이라는 그 말은 먼 시간을 넘어 21세기의 지금을 이야기하고 있는 것이 아닐까, 그렇게 느끼는 것은 아마도 저 한 사람만은 아닐 것이라 생각합니다.

강의 후기

이상으로 전부 네 차례에 걸친 강의를 마칩니다. 서론에서 말했
듯이 최소한의 사항만으로 선종의 사상적 흐름을 '대충'(정밀한 사실화
처럼 그리는 것이 아니라 굵은 선으로 단번에 그린 인물 크로키처럼) 소개한다, 그
것이 이번 강의의 목표였습니다.

어떠셨습니까? 그렇게 되어 있었습니까?

오직 간명함을 목표로 하여 논증 없이 요점만을 차례차례 이야
기했으므로, 더 상세하게 알고 싶다고 생각하신 분, 또는 역으로 거
기까지 말할 필요가 있었을까 라며 고개를 갸웃거린 분, 그런 분께
서는 우선 다음 졸작을 읽으시기 바랍니다.

(1) 『임제록—선어록의 말과 사상』(『臨濟錄—禪の語録のことばと思想』,
    巖波書店・書物誕生, 2008).
(2) 「선종의 생성과 발전」(「禪宗の生成と發展」, 『新アジア佛教史』第7卷・
    中國Ⅱ隋唐, 第5章, 佼成出版社, 2010).

(1)은『임제록』을 중심으로 선어록의 학문적 독해에 관해 해설한 것이며, (2)는 당송대 선종의 역사를 개설한 것입니다. (1)에서는 당대의 문답에서 송대 공안으로의 전환, 20세기 스즈키 다이세쓰의 선 사상 등, 이번 강의에서도 다룬 주요한 문제를 다수의 원전 정독을 통해 고찰하였습니다. 이들 원전에 의거하여 선을 공부해 보고 싶으신 분들은 흥미롭게 읽을 수 있지 않을까 생각합니다.

이것보다 좀 더 상세한 것으로는 졸저 (3)~(6)이 있습니다. 모두 원전의 엄밀한 독해를 기반으로 한 것이며, 단숨에 그린 인물 스케치 같은 것이 아니라 세밀한 점묘화처럼 선사상사를 그려 내고자 한 것입니다. 이번 네 차례에 걸친 강의 내용은 기본적으로 이 책에 기초한 것입니다

(3) 『신회—돈황문헌과 초기 선종사』(『神會—敦煌文獻と初期の禪宗史』 [唐代の禪僧2], 臨川書店, 2007).

(4) 『어록의 말—당대의 선』(『語錄のことば—唐代の禪』, 禪文化研究所, 2007).

(5) 『속·어록의 말—『벽암록』과 송대의 선』(『續·語錄のことば—『碧巖 錄』と宋代の禪』, 同, 2010).

(6) 『어록의 사상사—중국선의 연구』(『語錄の思想史—中國禪の研究』, 巖 波書店, 2010).

구체적으로 말하면 제1강은 위의 (3), 제2강은 (4) 및 (6)의 제1장,

제3강은 (5) 및 (6)의 제2장, 제4강은 (6)의 제3장 내용에 기초한 것입니다. 단 조금이기는 하지만, 지금까지 사용하지 않았던 자료를 인용한 것, 제2강~제4강에 일본 선자(반케이, 도겐, 하쿠인)에 관한 고찰을 새롭게 추가한 것, 그리고 제4강에 이번에 처음으로 구상한 내용을 대폭 포함시킨 것은 지난 책에는 없었던 점입니다.

이상, 제 것만 거론해 죄송합니다만, 물론 졸저만 읽어 주시면 충분하다는 의미는 아닙니다. 졸저 (1) · (2) · (3) 끝부분에 참고문헌 안내가 있으므로 그것에 의지하여 다른 책, 특히 선의 원전으로 부디 독서의 범위를 넓혀 주시기 바랍니다.

또 이 강의뿐 아니라 위의 졸저에서도 당송대를 이은 원 이후의 선종사는 전혀 다루지 않았습니다. 그것은 그쪽이 중요하지 않아서가 아니라 전적으로 제 힘이 거기까지 미치지 못해서입니다. 그 시대에 대해서는 우선 다음 것을 읽고 그다음에 그 권말의 참고문헌을 참조하시면 좋을 것 같습니다.

(7) 「원 · 명의 불교」(野口善敬, 「元 · 明の佛教」, 『新アジア佛教史』 第8卷 · 中
   國Ⅲ宋元明淸, 第2章, 佼成出版社, 2010).

노구치(野口) 선생에게는 따로 『송원선종사연구宋元禪宗史硏究』라는 대작(禪文化硏究所, 2005)이 있습니다. 정치한 논고를 더하고, 방대한 일차 자료를 정리한 부록(승려의 전기·저술일람, 불교 관계 繫年 자료, 선행 연구의 상세한 목록)이 갖추어져 있으며, 이 분야 연구에서는 불가결의 기초가 되었습니다.

또 이 강의와 지금까지의 졸저에서는 오직 어록 속의 선(문답과 공안의 세계)을 논하였습니다만, 송 이후의 선종사 또는 불교사를 고찰함에 있어서는 또 하나 선과 여러 종파의 교의를 일체화했던 사상의 흐름을 무시할 수가 없습니다. 그것에 대해서는 최근에 나온 (8)이 유익할 것입니다.

> (8) 『영명연수와 『종경록』의 연구―일심에 따른 중국불교의 재편』
> (柳幹康, 『永明延壽と『宗鏡錄』の研究―一心による中國佛敎の再編』, 法藏館, 2015).

연수와 『종경록』에 대한 개별 연구가 아니라 연수 자신의 전기와 후세 연수상延壽像의 증폭, 『종경록』의 논리와 사상, 이 서적의 후세 개판開板·보급의 역사 등등의 여러 문제를 통해 중국 근세의 불교사 전체상을('敎禪一致'라든가, '禪淨雙修'와 같은 정의로는 정리할 수 없는 전 일반적인 불교의 형성과정을) 다각도로 고찰한 연구입니다.

그 밖에 이 강의에서 다루지 않은 것도 무수히 많습니다만, 초기에서 당송대까지의 선종사를 참신한 시점에서 재고한 도전적인 통사로서는 (9), 중국과 조선의 선종사를 최초기에서 현대까지 망라한 교과서적인 통사로서는 (10), 중국·조선·일본에 걸친 선종사의 상세한 연구로서는 (11)이 있으므로 꼭 이것들을 참고해 주세요.

(9) 『허구의 진실—신중국선종사』(John R. McRae, 『虛構えの眞實—新中國禪宗史』, 大藏出版, 2012).

(10) 『선의 역사』(伊吹敦, 『禪の歷史』, 法藏館, 2001).

(11) 『선학연구입문』(田中良昭 編, 『禪學研究入門·第2版』, 大東出版社, 2006).

본서에서는 제2강 마지막에 반케이, 제3강 마지막에 도겐, 제4강 중간에 하쿠인을 다루었습니다. 이것은 앞에서 말했듯이 이전의 졸저에서는 다룬 적이 없었던 것입니다. 이 세 사람을 일본에서의 역사적 선후와 상관없이 중국 선종의 흐름 가운데 각각 편입시켜 논했던 것은, 하나는 일본 선종에 관한 연구가 자주 중국선에 대한 이해와 무관하게 진행되어 온 것에 대한 의혹 제기, 또 하나는 장래 다이세쓰 박사의 주저인 『선사상사연구禪思想史研究』를 독해하기 위한 포석으로 삼기 위해서였습니다.

『선사상사연구』의 구성은 좀 색다릅니다. 제1은 「반케이 선」이라는 제목을 붙이고, 도겐·하쿠인과의 대비를 기반으로 반케이의 특질을 논하였고, 이어서 제2 「달마에서 혜능에 이르다」에서는 새로 나온 돈황문헌을 이용한 초기 선종 연구가 시작됩니다. 사상사로서는 약간 이해하기 어려운 순서로 보입니다만, 그것은 다이세쓰가 반케이·도겐·하쿠인 세 사람을 시간의 흐름 위에 있는 역사적 존재로서가 아니라 선사상의 유형과 상징으로 다루며, 그것들을 통해 자신이 생각하는 선사상을 다면적인 통일체로서 그려 내고자 했기 때문이라 생각합니다. 말하자면『선사상사연구』제1은 협의의 역사 연구가 아니라 다이세쓰 선사상의 '교상판석教相判釋'적 총론이라고 해야 할 것입니다.(小川隆,「敦煌文獻との盤珏―大拙禪思想史研究」,『禪文化』第227號, 2015年 7月 참조)

그러므로 다이세쓰에 대해 고찰하려면 이 주저를 제외할 수는 없습니다만, 전체가 미완으로 끝났으며, 기간 부분도 사후에 유고가 편집된 곳이 적지 않으므로 그 전체상을 파악하기는 극히 곤란합니다. 그 때문에 이번에 초기부터 당송 선사상사를 정리한 기회를 이용하여, 반케이·도겐·하쿠인 세 사람이 중국 선사상의 어디와 어떻게 연결되며 어떻게 다른지를 일련의 흐름 속에서 우선 독자적으로 파악하려 했습니다. 중국의 선사상과 함께 생각하지 않으면 선사상을 총체적으로 생각하려 했던 다이세쓰의 저술을 이해할 수 없다는 느낌이 들었기 때문입니다. 본서는 과거 저서들을 재론하는 데 그치지 않고, 조금이지만 이 과제에 새로운 걸음을 내디던 것입니다.

본서를『선사상사강의禪思想史講義』라 이름 붙인 것은 물론 선사상사를 일관된 통사로서 제시하려 한 강의이기 때문입니다. 그러나 거기에는 또 하나 개인적인 생각이 담겨 있었습니다. 그것은 위와 같은 시도에 의거하여 이것을 다이세쓰 박사의 50회기 기념으로서 이후 다이세쓰 연구에 대한 내 나름의 기점으로 삼고 싶었기 때문입니다. 앞의 세 강의(제1, 2, 3강)에 비하여 제4강은 제 자신으로서는 부족하지만 본서 전체가 다이세쓰 박사의 『선사상사연구』에 대한 오마주이기 때문입니다. 본서를 읽으시면 『선사상사연구』 제1 가운데 다음 한 편을 읽어 주시기 바랍니다.

(12) 「일본선에 있어서의 세 가지 사상유형—도겐 선, 하쿠인 선,
　　　반케이 선」(鈴木大拙, 「日本禪における三つの思想類型—道元禪, 白隱禪,
　　　盤珪禪」, 『全集』 1).

이 논문은 도겐을 다루지 못했기 때문에 입론으로서는 성공하지 못했습니다. 그러나 그것이 오히려 다이세쓰 사고의 독자성을 생각할 수 있는 귀중한 단서가 되었습니다. 오늘날의 중국 선사상사 연구와 도겐 연구의 수준에 입각하여 위의 세 유형을 비판적으로 재고한 것이 바로 다음 (13)의 결론 부분(제3강 마지막 부분에서 다루었던)입니다. 이것을 (12)와 비교해 읽어 보면 매우 재미있을 것이라 생각합니다.

(13) 「일본달마종의 성격」(石井修道, 「日本達磨宗の性格」, 『松ヶ岡文庫硏究

論報』 제16, 2002).

먼저 당대선(本覺的·盤珪的)과 송대선(始覺的·白隱的)의 대비를 명확하게 한 다음, 그 위에 이 양극을 동시에 극복하고자 한 것으로서 도겐을 자리매김하는 거시적인 구상은 계발과 자극이 풍부하여 이번 강의도 그것으로부터 결정적인 영향을 받았습니다.

역자 후기

'지금 이대로 완전하다.'

그것은 지난 몇 년간 내가 격주로 참가하고 있는 공부 모임의 중요한 주제 가운데 하나였습니다. 그 계기가 된 것은 스스로 '깨달았다'고 고백하신 김기태 선생과의 인연 때문이었습니다. 김기태 선생은 이미 『지금 이대로 완전하다』를 비롯하여 『무분별의 지혜』, 『지금 이 순간이 기회입니다』 등, 자신의 깨달음의 체험을 바탕으로 여러 권의 책을 출간하셨습니다.

주자학이 전공인 나는 김기태 선생의 수업에 딱 한 번 참가한 것이 전부로, 이 복잡하고 난해한 논쟁과는 선을 그은 채, 가능한 참여하지 않는 쪽을 택했습니다. 아마도 오가와 선생의 표현을 빌리면 '현실태의 자기'를 완전한 것으로 시인하는 김기태 선생의 주장에 강한 위화감을 느꼈기 때문이겠지요. '현실태의 자기'가 그대로 완전한 것이 되기 위해서는 먼저 자신의 욕망이 '0'의 상태, 즉 '무화'되지 않으면 안 된다는 생각을 나는 갖고 있었던 것 같습니다.

그러나 그들이 말하는 '깨달음'에 어느 정도 익숙해지면서 나는 내 이해가 전혀 잘못된 것임을 자각하게 되었습니다. 이 잘못의 가장 근본적인 원인은 내가 이 문제를 '욕망'이라는 것으로부터 접근하려 했던 데 반해, 그들은 '고통'으로부터 접근한다는 것이었습니다. 말하자면 인간 이해에 대한 가장 기본적인 틀이 어긋나 있었던 것이지요. 어쩌면 그것은 유교전공자와 불교전공자의 근본적인 입장의 차이인지도 모르겠습니다. 나는 사실 불교에 대해서는 '문외한'이라 해도 좋을 만큼 소양이 없습니다.

아마 무의식적인 행동이었을 것입니다. 나는 나도 모르는 사이에 이 혼란을 미우라 선생에게 이야기했던 모양입니다. 어느 날 선생은 '자네의 혼란에 도움이 될지도'라는 코멘트와 함께 내게 이 책, 『선사상 사강의』를 보내 주셨습니다. 이 책은 적어도 우리 공부 모임에서 자주 주제로 삼았던 문제, 나는 이대로 완전한 것인지 아니면 이 나를 초극하여야 비로소 완전한 나를 찾을 수 있는 것인지, 또 '깨달음'은 우리가 추구해야 할 목표인지 아니면 우리는 이미 깨달은 존재인지 등에 대해 해답을 제시하고 있었습니다. 물론 이 해답이 '지금 이대로 완전한가?'에 대한 해답이라는 뜻은 아닙니다. 그 해답은 아마 각자의 몫이겠지요. 단, 수년간 반복된 혼란스러운 논쟁의 원인은 해결할 수 있었습니다. 불교에 문외한이었던 내가 이해할 수 있었다면 선사상에 갓 입문하여 나와 같은 혼란을 경험하고 있는 사람에게 이 책은 좋은 길잡이가 될 것이라 생각합니다.

처음부터 이 책을 출간할 생각은 아니었습니다. 늘 습관처럼 책을 정독하기 위해 거친 번역을 했고, 정독을 끝냈다는 내 말에 미우라 선생이 내 의사와 무관하게 오가와 선생에게 한국어판 출간 의향을 물으셨던 것이 출판으로 이어지게 되었습니다. 번역 과정에서 내가 가지고 있던 많은 혼란들이 해결되기는 했지만, 불교에 대한 지식이 거의 없는 나로서는 이 물음을 정면에서 다룬 책이 우리나라에 이미 있는지, 혹은 이 물음과 관련하여 한국 불교는 어떻게 대답해 왔는지 등에 대해서는 알지 못합니다. 이 책은 내 개인적인 숙제를 해결한 기록일 뿐입니다. 한국 불교에 대한 나의 무지에 대해서는 미리 양해를 구하고 싶습니다.

이 책은 당송대의 선사상을 다룬 것이지만, 저자가 이 책을 '스즈키 다이세쓰의 오마주'라 고백하고 있듯이, 다른 한편으로 이 책은 일본 선자들을 선사상사의 거대한 흐름 속에 편입시켜 체계화하려 했습니다. 제국주의에 편승하려 했던 근대 일본과 달리 근대 한국은 제국주의

침략의 희생양이었습니다. 근대 일본의 대표적인 사상가, 니시다, 소세키, 다이세쓰 등은 선을 서양문명의 대극에 두고 '서양에 대항하기 위한 근거'로 삼고자 하였습니다. 이 근대 일본과 서구 열강에 대항하기 위해 한국의 선승들은 어떤 길을 선택하였을까요?

물론 근대 한국에서도 많은 위대한 선승들이 배출되었고, 깨달음의 기회를 얻은 사람도 많았을 것입니다. 그러나 굳이 말한다면 전통적인 '종학'과는 구분되는 근대적인 학문으로서의 선사상사, 또는 선학사 연구가 우리나라에서도 보다 체계적으로 이루어지기를 기대합니다. 깨달음이라는 측면에서 보면 그것은 무의미한 관념논쟁에 불과하겠지만, 다이세쓰의 말처럼, 깨달음을 위해서도 '지식'이 있는 편이 좋고, 무엇보다 나 같은 선불교 문외한에게는 선에 다가갈 수 있는 하나의 계기가 될 것이라 생각하기 때문입니다.

거듭 말하지만 나는 불교에 대해 문외한입니다. 책 속에 잘못된 내용이 있다면 그것은 책의 내용을 이해하지 못한 내 무지 때문일 것입니다. 독자들의 질정을 부탁드립니다.

찾아보기

224

◀ 예문서원의 책들 ▶

원전총서

박세당의 노자 (新註道德經) 박세당 지음, 김학목 옮김, 312쪽, 13,000원
율곡 이이의 노자 (醇言) 이이 지음, 김학목 옮김, 152쪽, 8,000원
홍석주의 노자 (訂老) 홍석주 지음, 김학목 옮김, 320쪽, 14,000원
북계자의 (北溪字義) 陳淳 지음, 김충열 감수, 김영민 옮김, 295쪽, 12,000원
주자가례 (朱子家禮) 朱熹 지음, 임민혁 옮김, 496쪽, 20,000원
서경잡기 (西京雜記) 劉歆 지음, 葛洪 엮음, 김장환 옮김, 416쪽, 18,000원
고사전 (高士傳) 皇甫謐 지음, 김장환 옮김, 368쪽, 16,000원
열선전 (列仙傳) 劉向 지음, 김장환 옮김, 392쪽, 15,000원
열녀전 (列女傳) 劉向 지음, 이숙인 옮김, 447쪽, 16,000원
선가귀감 (禪家龜鑑) 청허휴정 지음, 박재양 · 배규범 옮김, 584쪽, 23,000원
공자성적도 (孔子聖蹟圖) 김기주 · 황지원 · 이기훈 역주, 254쪽, 10,000원
공자세가 · 중니제자열전 (孔子世家 · 仲尼弟子列傳) 司馬遷 지음, 김기주 · 황지원 · 이기훈 역주, 224쪽, 12,000원
천지서상지 (天地瑞祥志) 김용천 · 최현화 역주, 384쪽, 20,000원
도덕지귀 (道德指歸) 徐命庸 지음, 조민환 · 장원목 · 김경수 역주, 544쪽, 27,000원
참동고 (參同攷) 徐命庸 지음, 이봉호 역주, 384쪽, 23,000원
박세당의 장자, 남화경주해산보 내편 (南華經註解刪補 內篇) 박세당 지음, 전현미 역주, 560쪽, 39,000원
초원담노 (椒園談老) 이충익 지음, 김윤경 옮김, 248쪽, 20,000원
여암 신경준의 장자 (文章準則 莊子選) 申景濬 지음, 김남형 역주, 232쪽, 20,000원

연구총서

논쟁으로 보는 중국철학 중국철학연구회 지음, 352쪽, 8,000원
논쟁으로 보는 한국철학 한국철학사상연구회 지음, 326쪽, 10,000원
현대의 위기 동양 철학의 모색 중국철학회 지음, 340쪽, 10,000원
역사 속의 중국철학 중국철학회 지음, 448쪽, 15,000원
공자의 철학 (孔孟荀哲學) 蔡仁厚 지음, 천병돈 옮김, 240쪽, 8,500원
맹자의 철학 (孔孟荀哲學) 蔡仁厚 지음, 천병돈 옮김, 224쪽, 8,000원
순자의 철학 (孔孟荀哲學) 蔡仁厚 지음, 천병돈 옮김, 272쪽, 10,000원
유학은 어떻게 현실과 만났는가 — 선진 유학과 한대 경학 박원재 지음, 218쪽, 7,500원
역사 속에 살아있는 중국 사상 (中華歷史に生きる思想) 시게자와 도시로 지음, 이혜경 옮김, 272쪽, 10,000원
덕치, 인치, 법치 — 노자, 공자, 한비자의 정치 사상 신동준 지음, 488쪽, 20,000원
리의 철학 (中國哲學範疇精髓叢書 — 理) 張立文 주편, 안유경 옮김, 524쪽, 25,000원
기의 철학 (中國哲學範疇精髓叢書 — 氣) 張立文 주편, 김갑수 외 옮김, 572쪽, 27,000원
동양 천문사상, 하늘의 역사 김일권 지음, 480쪽, 24,000원
동양 천문사상, 인간의 역사 김일권 지음, 544쪽, 27,000원
공부론 임수무 외 지음, 544쪽, 27,000원
유학사상과 생태학 (Confucianism and Ecology) Mary Evelyn Tucker · John Berthrong 엮음, 오정선 옮김, 448쪽, 27,000원
공자曰, 공자는 이렇게 말했다 안재호 지음, 232쪽, 12,000원
중국중세철학사 (Geschichte der Mittelalterischen Chinesischen Philosophie) Alfred Forke 지음, 최해숙 옮김, 568쪽, 40,000원
북송 초기의 삼교회통론 김경수 지음, 352쪽, 26,000원
죽간 · 목간 · 백서, 중국 고대 간백자료의 세계 1 이승률 지음, 576쪽, 40,000원
중국근대철학사(Geschichte der Neueren Chinesischen Philosophie) Alfred Forke 지음, 최해숙 옮김, 936쪽, 65,000원
리학 심학 논쟁, 연원과 전개 그리고 득실을 논하다 황갑연 지음, 416쪽, 32,000원
진래 교수의 유학과 현대사회 陳來 지음, 강진석 옮김, 440쪽, 35,000원
상서학사-『상서』에 관한 2천여 년의 해석사 劉起釪 지음, 이은호 옮김, 912쪽, 70,000원
장립문 교수의 화합철학론 張立文 지음, 홍원식 · 임해순 옮김, 704쪽, 60,000원

한국철학총서

조선 유학의 학파들 한국사상사연구회 편저, 688쪽, 24,000원
실학의 철학 한국사상사연구회 편저, 576쪽, 17,000원
퇴계의 생애와 학문 이상은 지음, 248쪽, 7,800원
조선유학의 개념들 한국사상사연구회 지음, 648쪽, 26,000원
유교개혁사상과 이병헌 금장태 지음, 336쪽, 17,000원
남명학파와 영남우도의 사림 박병련 외 지음, 464쪽, 23,000원
쉽게 읽는 퇴계의 성학십도 최재목 지음, 152쪽, 7,000원
홍대용의 실학과 18세기 북학사상 김문용 지음, 288쪽, 12,000원
남명 조식의 학문과 선비정신 김충열 지음, 512쪽, 26,000원
명재 윤증의 학문연원과 가학 충남대학교 유학연구소 편, 320쪽, 17,000원
조선유학의 주역사상 금장태 지음, 320쪽, 16,000원
율곡학과 한국유학 충남대학교 유학연구소 편, 464쪽, 23,000원
한국유학의 악론 금장태 지음, 240쪽, 13,000원
심경부주와 조선유학 홍원식 외 지음, 328쪽, 20,000원
퇴계가 우리에게 이윤희 지음, 368쪽, 18,000원
조선의 유학자들, 켄타우로스를 상상하며 理와 氣를 논하다 이향준 지음, 400쪽, 25,000원
퇴계 이황의 철학 윤사순 지음, 320쪽, 24,000원
조선유학과 소강절 철학 곽신환 지음, 416쪽, 32,000원
되짚어 본 한국사상사 최영성 지음, 632쪽, 47,000원
한국 성리학 속의 심학 김세정 지음, 400쪽, 32,000원
동도관의 변화로 본 한국 근대철학 홍원식 지음, 320쪽, 27,000원
선비, 인을 품고 의를 걷다 한국국학진흥원 연구부 엮음, 352쪽, 27,000원
실학은 實學인가 서영이 지음, 264쪽, 25,000원

성리총서

송명성리학 (宋明理學) 陳來 지음, 안재호 옮김, 590쪽, 17,000원
주희의 철학 (朱熹哲學研究) 陳來 지음, 이종란 외 옮김, 544쪽, 22,000원
양명 철학 (有無之境—王陽明哲學的精神) 陳來 지음, 전병욱 옮김, 752쪽, 30,000원
정명도의 철학 (程明道思想研究) 張德麟 지음, 박상리·이경남·정성희 옮김, 272쪽, 15,000원
주희의 자연철학 김영식 지음, 576쪽, 29,000원
송명유학사상사 (宋明時代儒學思想の研究) 구스모토 마사쓰구(楠本正繼) 지음, 김병화·이혜경 옮김, 602쪽, 30,000원
북송도학사 (道學の形成) 쓰치다 겐지로(土田健次郎) 지음, 성현창 옮김, 640쪽, 3,2000원
성리학의 개념들 (理學範疇系統) 蒙培元 지음, 홍원식·황지원·이기훈·이상호 옮김, 880쪽, 45,000원
역사 속의 성리학 (Neo-Confucianism in History) Peter K. Bol 지음, 김영민 옮김, 488쪽, 28,000원
주자어류선집 (朱子語類抄) 미우라 구니오(三浦國雄) 지음, 이승연 옮김, 504쪽, 30,000원

불교(카르마)총서

학파로 보는 인도 사상 S. C. Chatterjee·D. M. Datta 지음, 김형준 옮김, 424쪽, 13,000원
유식무경, 유식 불교에서의 인식과 존재 한자경 지음, 208쪽, 7,000원
박성배 교수의 불교철학강의 : 깨침과 깨달음 박성배 지음, 윤원철 옮김, 313쪽, 9,800원
불교 철학의 전개, 인도에서 한국까지 한자경 지음, 252쪽, 9,000원
인물로 보는 한국의 불교사상 한국불교원전연구회 지음, 388쪽, 20,000원
은정희 교수의 대승기신론 강의 은정희 지음, 184쪽, 10,000원
비구니와 한국 문학 이향순 지음, 320쪽, 16,000원
불교철학과 현대윤리의 만남 한자경 지음, 304쪽, 18,000원
유식삼심송과 유식불교 김명우 지음, 280쪽, 17,000원
유식불교, 『유식이십론』을 읽다 효도 가즈오 지음, 김명우·이상우 옮김, 288쪽, 18,000원
불교인식론 S. R. Bhatt & Anu Mehrotra 지음, 권서용·원철·유리 옮김, 288쪽, 22,000원
불교에서의 죽음 이후, 중음세계와 육도윤회 허암(김명우) 지음, 232쪽, 17,000원

강의총서

김충열 교수의 노자강의 김충열 지음, 434쪽, 20,000원
김충열 교수의 중용대학강의 김충열 지음, 448쪽, 23,000원
모종삼 교수의 중국철학강의 牟宗三 지음, 김병채 외 옮김, 320쪽, 19,000원
송석구 교수의 율곡철학 강의 송석구 지음, 312쪽, 29,000원
송석구 교수의 불교와 유교 강의 송석구 지음, 440쪽, 39,000원

동양문화산책

주역산책(易學漫步) 朱伯崑 외 지음, 김학권 옮김, 260쪽, 7,800원
동양을 위하여, 동양을 넘어서 홍원식 외 지음, 264쪽, 8,000원
서원, 한국사상의 숨결을 찾아서 안동대학교 안동문화연구소 지음, 344쪽, 10,000원
안동 금계마을 — 천년불패의 땅 안동대학교 안동문화연구소 지음, 272쪽, 8,500원
안동 풍수 기행, 와혈의 땅과 인물 이완규 지음, 256쪽, 7,500원
안동 풍수 기행, 돌혈의 땅과 인물 이완규 지음, 328쪽, 9,500원
영양 주실마을 안동대학교 안동문화연구소 지음, 332쪽, 9,800원
예천 금당실·맛질 마을 — 정감록이 꼽은 길지 안동대학교 안동문화연구소 지음, 284쪽, 10,000원
터를 안고 亡을 펴다 — 퇴계가 굽어보는 하계마을 안동대학교 안동문화연구소 지음, 360쪽, 13,000원
안동 가일 마을 — 풍산들가에 의연히 서다 안동대학교 안동문화연구소 지음, 344쪽, 13,000원
중국 속에 일떠서는 한민족 — 한겨레신문 차한필 기자의 중국 동포사회 리포트 차한필 지음, 336쪽, 15,000원
신간도견문록 박진관 글·사진, 504쪽, 20,000원
안동 무실 마을 — 문헌의 향기로 남다 안동대학교 안동문화연구소 지음, 464쪽, 18,000원
선양과 세습 사라 알란 지음, 오만종 옮김, 318쪽, 17,000원
문경 산북의 마을들 — 서중리, 대상리, 대하리, 김룡리 안동대학교 안동문화연구소 지음, 376쪽, 18,000원
안동 원촌마을 — 선비들의 이상향 안동대학교 안동문화연구소 지음, 288쪽, 16,000원
안동 부포마을 — 물 위로 되살려 낸 천년의 영화 안동대학교 안동문화연구소 지음, 440쪽, 23,000원
독립운동의 큰 울림, 안동 전통마을 김희곤 지음, 384쪽, 26,000원
학봉 김성일, 충군애민의 삶을 살다 한국국학진흥원 기획, 김미영 지음, 144쪽, 12,000원

일본사상총서

도쿠가와 시대의 철학사상(德川思想小史) 미나모토 료엔 지음, 박규태·이용수 옮김, 260쪽, 8,500원
일본인은 왜 종교가 없다고 말하는가(日本人はなぜ 無宗敎のか) 아마 도시마로 지음, 정형 옮김, 208쪽, 6,500원
일본사상이야기 40(日本がわかる思想史™) 나가오 다케시 지음, 박규태 옮김, 312쪽, 9,500원
일본도덕사상사(日本道德思想史) 이에나가 사부로 지음, 세키네 히데유키·윤종갑 옮김, 328쪽, 13,000원
천황의 나라 일본 — 일본의 역사와 천황제(天皇制と民衆) 고토 야스시 지음, 이남희 옮김, 312쪽, 13,000원
주자학과 근세일본사회(近世日本社會と宋學) 와타나베 히로시 지음, 박홍규 옮김, 304쪽, 16,000원

노장총서

不二 사상으로 읽는 노자 — 서양철학자의 노자 읽기 이찬훈 지음, 304쪽, 12,000원
김항배 교수의 노자철학 이해 김항배 지음, 280쪽, 15,000원
서양, 도교를 만나다 J. J. Clarke 지음, 조현숙 옮김, 472쪽, 36,000원
중국 도교사, 신선을 꿈꾼 사람들의 이야기 모종감 지음, 이봉호 옮김, 352쪽, 28,000원

역학총서

주역철학사(周易硏究史) 廖名春·康學偉·梁韋弦 지음, 심경호 옮김, 944쪽, 30,000원
송재국 교수의 주역 풀이 송재국 지음, 380쪽, 10,000원
송재국 교수의 역학담론 — 하늘의 빛 正易, 땅의 소리 周易 송재국 지음, 536쪽, 32,000원
소강절의 선천역학 高懷民 지음, 곽신환 옮김, 368쪽, 23,000원
다산 정약용의『주역사전』, 기호학으로 읽다 방인 지음, 704쪽, 50,000원

퇴계원전총서

고경중마방古鏡重磨方 — 퇴계 선생의 마음공부 이황 편저, 박상주 역해, 204쪽, 12,000원
활인심방活人心方 — 퇴계 선생의 마음으로 하는 몸공부 이황 편저, 이윤희 역해, 308쪽, 16,000원
이자수어李子粹語 퇴계 이황 지음, 성호 이익·순암 안정복 엮음, 이광호 옮김, 512쪽, 30,000원

경북의 종가문화

사당을 세운 뜻은, 고령 점필재 김종직 종가 정경주 지음, 203쪽, 15,000원
지금도 「어부가」가 귓전에 들려오는 듯, 안동 농암 이현보 종가 김서령 지음, 225쪽, 17,000원
종가의 멋과 맛이 넘쳐 나는 곳, 봉화 충재 권벌 종가 한필원 지음, 193쪽, 15,000원
한 점 부끄럼 없는 삶을 살다, 경주 회재 이언적 종가 이수환 지음, 178쪽, 14,000원
영남의 큰집, 안동 퇴계 이황 종가 정우락 지음, 227쪽, 17,000원
마르지 않는 효제의 샘물, 상주 소재 노수신 종가 이종호 지음, 303쪽, 22,000원
의리와 충절의 400년, 안동 학봉 김성일 종가 이해영 지음, 199쪽, 15,000원
충효당 높은 마루, 안동 서애 류성룡 종가 이세동 지음, 210쪽, 16,000원
낙중 지역 강안학을 열다, 성주 한강 정구 종가 김학수 지음, 180쪽, 14,000원
모원당 회화나무, 구미 여헌 장현광 종가 이종문 지음, 195쪽, 15,000원
보물은 오직 청백뿐, 안동 보백당 김계행 종가 최은주 지음, 160쪽, 15,000원
은둔과 화순의 선비들, 영주 송설헌 장말손 종가 정순우 지음, 176쪽, 16,000원
처마 끝 소나무에 갈무리한 세월, 경주 송재 손소 종가 황위주 지음, 256쪽, 23,000원
양대 문형과 직신의 가문, 문경 허백정 홍귀달 종가 홍원식 지음, 184쪽, 17,000원
어질고도 청빈한 마음이 이어진 집, 예천 약포 정탁 종가 김낙진 지음, 208쪽, 19,000원
임란의병의 힘, 영천 호수 정세아 종가 우인수 지음, 192쪽, 17,000원
영남을 넘어, 상주 우복 정경세 종가 정우락 지음, 264쪽, 23,000원
선비의 삶, 영덕 갈암 이현일 종가 장윤수 지음, 224쪽, 20,000원
청빈과 지조로 지켜 온 300년 세월, 안동 대산 이상정 종가 김순석 지음, 192쪽, 18,000원
독서종자 높은 뜻, 성주 응와 이원조 종가 이세동 지음, 216쪽, 20,000원
오천칠군자의 향기 서린, 안동 후조당 김부필 종가 김용만 지음, 256쪽, 24,000원
마음이 머무는 자리, 성주 동강 김우옹 종가 정병호 지음, 184쪽, 18,000원
문무의 길, 영덕 청신재 박의장 종가 우인수 지음, 216쪽, 20,000원
형제애의 본보기, 상주 창석 이준 종가 서정화 지음, 176쪽, 17,000원
경주 남쪽의 대종가, 경주 잠와 최진립 종가 손숙경 지음, 208쪽, 20,000원
변화하는 시대정신의 구현, 의성 자암 이민환 종가 이시활 지음, 248쪽, 23,000원
무로 빚고 문으로 다듬은 충효와 예학의 명가, 김천 정양공 이숙기 종가 김학수 지음, 184쪽, 18,000원
청백정신과 팔련오계로 빛나는, 안동 허백당 김양진 종가 배영동 지음, 272쪽, 27,000원
학문과 충절이 어우러진, 영천 지산 조호익 종가 박학래 지음, 216쪽, 21,000원
영남 남인의 정치 중심 돌밭, 칠곡 귀암 이원정 종가 박인호 지음, 208쪽, 21,000원
거문고에 새긴 외금내고, 청도 탁영 김일손 종가 강정화 지음, 240쪽, 24,000원
대를 이은 문장과 절의, 울진 해월 황여일 종가 오용원 지음, 200쪽, 20,000원
처사의 삶, 안동 경당 장흥효 종가 장윤수 지음, 240쪽, 24,000원
대의와 지족의 표상, 영양 옥천 조덕린 종가 백순철 지음, 152쪽, 15,000원
군자불기의 임청각, 안동 고성이씨 종가 이종서 지음, 216쪽, 22,000원
소학세가, 현풍 한훤당 김굉필 종가 김훈식 지음, 216쪽, 22,000원
송백의 지조와 지란의 문향으로 일군 명가, 구미 구암 김취문 종가 김학수 지음, 216쪽, 22,000원
백과사전의 산실, 예천 초간 권문해 종가 권경열 지음, 216쪽, 22,000원
전통을 계승하고 세상을 비추다, 성주 완석정 이언영 종가 이영춘 지음, 208쪽, 22,000원
영남학의 맥을 잇다, 안동 정재 류치명 종가 오용원 지음, 224쪽, 22,000원
사천 가에 핀 충효 쌍절, 청송 불훤재 신현 종가 백운용 지음, 216쪽, 22,000원
옛 부림의 땅에서 천년을 이어오다, 군위 경재 홍로 종가 홍원식 지음, 200쪽, 20,000원
16세기 문향 의성을 일군, 의성 회당 신원록 종가 신해진 지음, 296쪽, 30,000원
도학의 길을 걷다, 안동 유일재 김언기 종가 김미영 지음, 216쪽, 22,000원
실천으로 꽃핀 실사구시의 가풍, 고령 죽유 오운 종가 박원재 지음, 208쪽, 21,000원
민족고전 『춘향전』의 원류, 봉화 계서 성이성 종가 설성경 지음, 176쪽, 18,000원

기타

다산 정약용의 편지글 이용형 지음, 312쪽, 20,000원
유교와 칸트 李明輝 지음, 김기주·이기훈 옮김, 288쪽, 20,000원
유가 전통과 과학 김영식 지음, 320쪽, 24,000원